高等院校**电子商务类**
新形态系列教材

U0647154

电子商务法
与案例分析

微课版 第2版

杨立钒◎编著

Electronic Commerce

人民邮电出版社
北　京

图书在版编目（ＣＩＰ）数据

电子商务法与案例分析：微课版 / 杨立钒编著. --
2版. -- 北京：人民邮电出版社，2024.8
高等院校电子商务类新形态系列教材
ISBN 978-7-115-64008-6

Ⅰ．①电… Ⅱ．①杨… Ⅲ．①电子商务－法规－中国
－高等学校－教材 Ⅳ．①D922.294

中国国家版本馆CIP数据核字(2024)第060472号

内 容 提 要

本书根据电子商务法律理论与实践的最新发展，简明扼要地讲解了电子商务领域的法律法规。全书共分为4篇。第1篇总论（第1章）介绍电子商务和电子商务法的基本概念等内容；第2篇电子商务交易人规范（第2章、第3章）主要介绍电子商务交易人的一般规定和关于电子商务经营者的法律规范；第3篇电子商务交易流程规范（第4章～第8章）涉及电子合同、电子签名、电子支付、电子商务物流与产品交付、跨境电子商务、移动电子商务等领域的法律规范；第4篇电子商务交易环境保护（第9章～第12章）主要探讨电子交易信息安全法律规范、电子商务消费者权益保护与在线争议解决、网络广告法律规范和电子商务领域知识产权保护等问题。全书体系完整，内容丰富，基本涵盖了电子商务法律法规的各方面内容。

本书可作为高等院校电子商务、跨境电子商务、国际经济与贸易等专业相关课程的教材，也可作为从事电子商务实务或研究工作的人员的参考书。

◆ 编　著　杨立钒
　　责任编辑　赵广宇
　　责任印制　胡　南
◆ 人民邮电出版社出版发行　　北京市丰台区成寿寺路 11 号
　　邮编　100164　电子邮件　315@ptpress.com.cn
　　网址　https://www.ptpress.com.cn
　　北京市艺辉印刷有限公司印刷
◆ 开本：787×1092　1/16
　　印张：11.5　　　　　　　　　2024 年 8 月第 2 版
　　字数：234 千字　　　　　　　2024 年 8 月北京第 1 次印刷

定价：49.80 元
读者服务热线：(010)81055256　印装质量热线：(010)81055316
反盗版热线：(010)81055315
广告经营许可证：京东市监广登字 20170147 号

前　言

　　党的二十大报告强调："全面依法治国是国家治理的一场深刻革命，关系党执政兴国，关系人民幸福安康，关系党和国家长治久安。"党的二十大报告还明确了新时代法治建设的总体要求，具有纲举目张的重要作用。这些都充分体现了党中央对全面依法治国的高度重视。

　　近年来，我国电子商务领域立法取得新的进展，国家先后发布了《关于推动平台经济规范健康持续发展的若干意见》《中共中央　国务院关于加快建设全国统一大市场的意见》，电子商务执法力度不断加大，司法标准更加明确，电子商务主体诚信合规意识明显增强。2023年，中共中央、国务院印发《数字中国建设整体布局规划》，要求优化数字化发展环境，完善法律法规体系，提升全方位多维度综合治理能力。

　　电子商务是数字经济的重要组成部分，发展电子商务是发展数字经济的重要抓手。而加强对电子商务法的研究和普及，构建电子商务健康的发展环境，对推动数字经济的发展，构筑国家竞争新优势具有非常重要的意义。基于此，编者根据电子商务法相关课程的要求，特意策划了本书，本书的特色如下。

　　（1）法理明晰，讲解透彻。

　　本书针对电子商务法律用语的特殊形式，以通俗易懂的讲解方式，深入浅出地解释相关法律法规，力求表述准确，讲解透彻。

　　（2）法律法规全，新增教学内容。

　　本书根据电子商务立法的整体要求，新增数据产品交付、元宇宙庭审、互联网弹窗广告规范、网络直播营销管理、数据知识产权保护等教学内容。

　　（3）教学资源丰富，赋能立体化教学。

　　本书提供丰富的教学资源，包括PPT课件、教学大纲、课后习题答案、模拟试卷、拓展阅读资料、拓展案例等，用书教师如有需要，请登录人邮教育社区（www.ryjiaoyu.com）免费下载。

　　在编写本书的过程中，编者紧跟电子商务法律法规的新进展，力求将国内外电子商务立法的新成果和成功实践的经验传递给读者，使读者对电子商务法的框架和内容有清晰的了解。

　　本书的参考学时为36～48学时，建议采用理论与案例教学相结合的教学模式。各章的参考学时见下表。

学时分配表

章节	课程内容	学时
第1章	电子商务与电子商务法	4
第2章	电子商务交易人的一般规定	4
第3章	关于电子商务经营者的法律规范	4～6
第4章	电子合同与电子签名法律制度	4～6
第5章	电子支付法律制度	2～4
第6章	电子商务物流与产品交付法律制度	2
第7章	跨境电子商务法律规范	4～6
第8章	移动电子商务法律规范	2
第9章	电子交易信息安全法律规范	2
第10章	电子商务消费者权益保护与在线争议解决	2～4
第11章	网络广告法律规范	2
第12章	电子商务领域知识产权保护	2～4
	课程考评	2
	学时总计	36～48

　　本书再版得到国家社科基金重大项目（13&ZD178）、国家自然科学基金项目（70973079）、上海市哲学社会科学规划项目、上海市教育委员会教改项目、中国法学会项目、华东政法大学重大教改项目、香港杏范教育基金会有限公司等的资助，并参考了国内外大量相关文献。在此，谨向资料的提供者、本书的合作者和资助者表示真诚的感谢。

　　本书由杨立钒编著，由于编者水平有限，书中难免存在不妥之处，恳请广大读者批评指正。

编者

2024 年 8 月

目 录

第1篇 总论

第1章
电子商务与电子商务法 / 2

第2篇 电子商务交易人规范

第2章
电子商务交易人的一般规定 / 21

第 8 章

移动电子商务法律规范 / 109

第 1 篇

总论

第1章
电子商务与电子商务法

　　电子商务是网络化的新型经济活动，是推动"互联网+"发展的重要力量，是新经济的主要组成部分。互联网技术的应用，从根本上改变了原有的商业运行环境，促使新的商务模式诞生，并由此产生了新的电子商务法。本章将介绍电子商务和电子商务法的基本概念，阐述电子商务立法的原则等内容。

学习目标

1. 掌握电子商务的概念。
2. 熟悉电子商务的市场范围。
3. 了解电子商务法的概念、特征。
4. 掌握电子商务法的调整对象和调整范围。
5. 掌握电子商务法的作用。

引导案例：全国"刷单入刑"第一案

　　2017年6月20日，杭州市余杭区人民法院就全国"刷单入刑"第一案公开宣判。"刷单"组织者李某通过创建平台、组织会员"刷单炒信"并从中牟利，犯非法经营罪被一审判处有期徒刑5年6个月，并处罚金；连同此前已宣判的李某侵犯公民个人信息罪予以并罚后，法院决定对其执行有期徒刑5年9个月，并处罚金92万元。

　　所谓"刷单"，就是在网上进行虚假交易并给予虚假好评，进而提高店铺的销量和信誉，误导和欺骗买家。2013年2月，李某通过创建"零距网商联盟"网站和利用语音聊天工具建立刷单炒信平台，吸纳淘宝卖家注册账户成为会员，并收取300元至500元不等的会员费和40元的平台维护费。李某通过制定刷单炒信规则与流程，组织及协助会员通过该平台发布或接受刷单炒信任务。会员承接任务后，李某通过与发布任务的会员在淘宝网上进行虚假交易并给予虚假好评的方式赚取任务点，进而提高自己淘宝店铺的销量和信誉，欺骗买家。其间，李某还通过向会员销售任务点的方式牟利。2013 年 2 月至 2014 年 6 月，李某收取平台管理维护费、体验费及任务点销售收入至少 30 万元，另收取保证金共计 50 余万元。

1.1　电子商务概述

1.1.1　电子商务的概念

《中华人民共和国电子商务法》（简称《电子商务法》）规定："本法所称电子商务，是指通过互联网等信息网络销售商品或者提供服务的经营活动。法律、行政法规对销售商品或者提供服务有规定的，适用其规定。金融类产品和服务，利用信息网络提供新闻信息、音视频节目、出版以及文化产品等内容方面的服务，不适用本法。"

我们可以从"现代信息技术"和"商务"两个方面认识电子商务。一方面，现代信息技术应涵盖各种以使用电子信息技术为基础的通信方式和信息网络（主要是互联网）；另一方面，对"商务"一词应做广义解释，使其包括货物贸易（销售产品）、服务贸易（提供服务）和知识产权贸易。如果将"现代信息技术"看作一个子集，将"商务"看作另一个子集，那么电子商务所覆盖的范围应当是这两个子集所形成的交集（见图 1-1），即电子商务可能广泛涉及互联网、内联网和电子数据交换在贸易方面的各种用途。

图 1-1　电子商务是"现代信息技术"和"商务"两个子集的交集

电子商务的整个交易过程一般包括 3 个主要阶段，分别为电子合同签署、电子支付和产品（服务）送达（见图 1-2）。我们只要在这 3 个阶段中的任何一个阶段或几个阶段使用了以计算机、智能手机等终端为媒介的信息网络（主要是互联网），都可以被视为开展了电子商务活动。

图 1-2　电子商务交易的 3 个主要阶段

1.1.2　电子商务的市场范围

1. 实体产品与虚拟产品

现代信息技术的应用，使现代市场交易的产品和服务被分为两大类，即实体产品和虚拟产品（见图 1-3）。

3

实体产品包括实物产品和实体服务产品；虚拟产品包括数据产品和信息服务产品。

实物产品是指自然人、法人或非法人组织提供给市场的，能够满足消费者某一需求或欲望的任何有形物品。

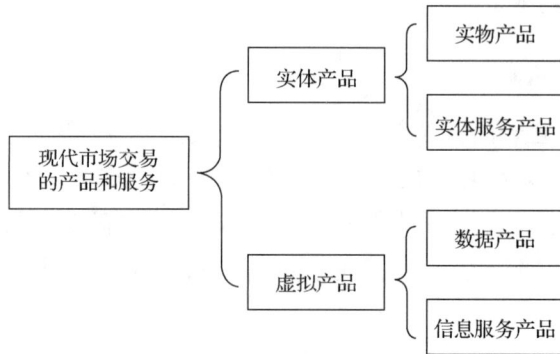

```
                                    ┌─────────────┐
                         ┌──────────┤  实物产品    │
                         │实体产品  └─────────────┘
                         │          ┌─────────────┐
                         │          │ 实体服务产品 │
  现代市场交易           ┤          └─────────────┘
  的产品和服务           │          ┌─────────────┐
                         │          │  数据产品    │
                         │虚拟产品  └─────────────┘
                         └──────────┤
                                    │ 信息服务产品 │
                                    └─────────────┘
```

图 1-3　现代市场交易的产品和服务

实体服务产品是指以非实物形态存在的劳动成果，主要包括第三产业中一切不表现为实物形态的劳动成果。

数据产品是指在电子信息环境中以 0 或 1 构成的二进制数字形式存在的无形产品，包括但不限于企事业单位内部数据产品（如数据集、数据分析报告）、商用数据产品（如商情分析）、用户数据产品（如移动 App、数据可视化产品）等。

信息服务产品是指在信息化社会中产生的以信息为核心的服务性产品，如网络广告、信息检索、交通导航等。

需要注意的是，实物产品与虚拟产品正在快速融合，如纸质机票演变为电子机票、智能手机的销售量与其性能密切相关。

2. 实体市场与虚拟市场

由于现代市场交易中产品和服务的分化，产品交易市场演变为两个截然不同的分市场，即虚拟市场和实体市场。实体市场基本上沿袭传统的交易模式，虚拟市场则是采用不同于实体市场的交易模式。与实体市场相对应，虚拟市场中也有独立的主体、客体和交易模式。虚拟市场的主体是网民。据统计，截至 2023 年年底，世界网民总人数约为 53 亿人，由此造就了庞大的虚拟市场消费群体。虚拟市场的客体是实体（或服务）产品和数据（或信息服务）产品，对应多种交易模式。

实体市场与虚拟市场并不是截然分开的，两者有着密切的联系。根据产品、交易手段和参与者的虚拟化程度，我们可以设计一个三维坐标图（见图 1-4）。在图 1-4 中，Y 轴表示产品虚拟化程度，Z 轴表示交易手段虚拟化程度，X 轴表示参与者虚拟化程度，箭头的指向表示虚拟化程度由低到高，即离原点越远，产品、交易手段和参与者的虚拟化程度越高。从左下方到右上方，随着虚拟化程度逐渐提高，传统商务逐步发展为纯粹的电子商务。

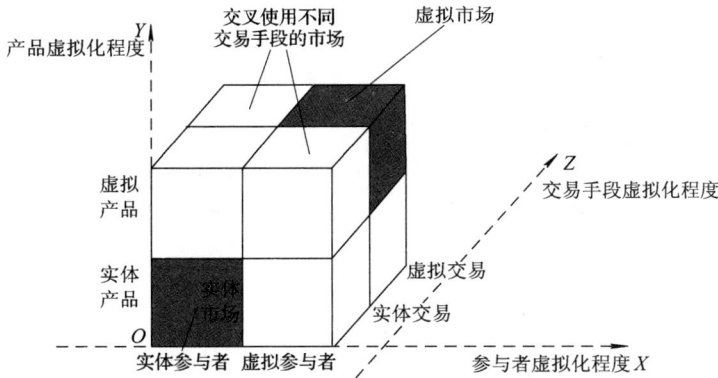

图 1-4　实体市场与虚拟市场示意

由图 1-4 可以看出，在纯粹的实体市场上，交易各方采用传统交易手段进行交易；而在纯粹的虚拟市场上，交易各方采用电子商务手段进行交易。在纯粹的实体市场和虚拟市场之间存在着交叉使用传统交易手段和电子商务手段的交易市场。在产品交易的 3 个主要阶段（合同签署、款项支付和产品送达）中，除实体产品的配送外，实体市场越来越多地采用虚拟市场的交易手段。在许多情况下，实体市场的交易手段已经被虚拟市场的交易手段所替代。

3. 电子商务市场

由于电子商务手段的出现，实体产品和虚拟产品中都有一部分产品利用电子商务手段交易。在排除了使用传统手段交易的实体产品和虚拟产品后，我们就可以清晰地分辨使用电子商务手段交易的实体产品和虚拟产品。电子商务市场如图 1-5 所示。

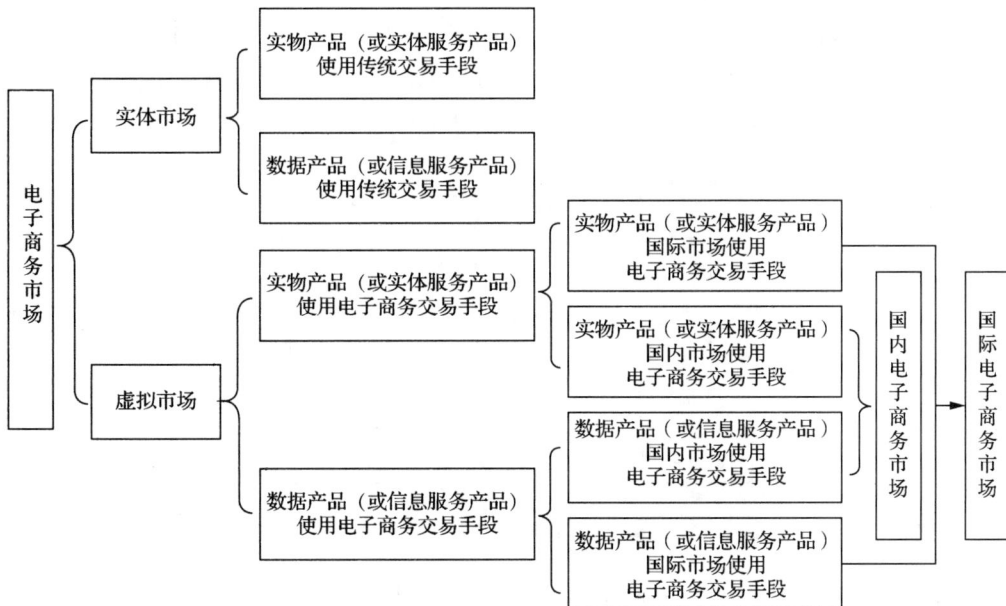

图 1-5　电子商务市场

知识拓展

　　列宁的《谈谈辩证法问题》中有句话："统一物之分为两个部分以及对它的矛盾着的部分的认识，是辩证法的实质。"本节中，运用"一分为二"的思想方法对现代市场进行了划分，从而发现了实体和虚拟两个市场并清晰地划分了电子商务的市场范围。

1.1.3　电子商务的基本类型

1. 按照交易对象分类

（1）企业与企业之间的电子商务（Business to Business，B2B）。这是指在企业之间（包括制造商与批发商之间、批发商与零售商之间）直接进行的网络交易。阿里巴巴是这种模式的代表。

（2）企业与消费者之间的电子商务（Business to Consumer，B2C）。在 B2C 模式下，企业直接通过网上商店销售产品给消费者。京东商城、苏宁易购等都是这种模式的典型代表。

（3）消费者与消费者之间的电子商务（Consumer to Consumer，C2C）。C2C 的构成要素除了包括买卖双方外，还包括电子商务交易平台提供商。在 C2C 模式下，买卖双方通过电子商务交易平台提供商提供的在线交易平台，如淘宝，发布产品信息，从事交易活动。

2. 按照交易流程模式分类

（1）网络产品直销模式（见图 1-6）。网络产品直销是指消费者和生产者或者需求方和供应方，直接利用网络所开展的买卖活动，B2C、C2C 基本属于网络产品直销模式的范畴。

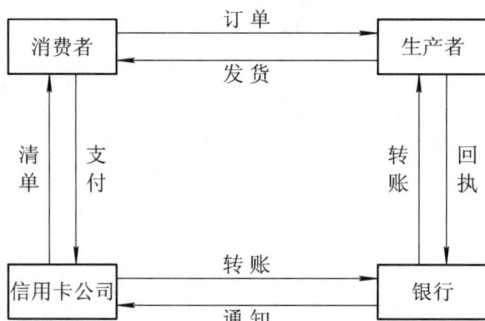

图 1-6　网络产品直销模式

（2）企业间网络交易模式（见图 1-7）。在企业间网络交易模式中，企业从寻找和发现消费者出发，利用自己的网站或网络服务商的信息发布平台发布买卖、合作、招投标等商业信息。B2B 企业主要采用这种模式。

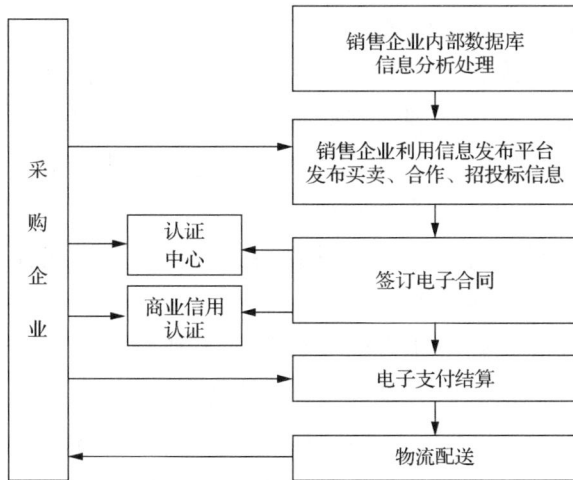

图 1-7　企业间网络交易模式

（3）网络产品中介交易模式（见图 1-8）。网络产品中介交易是指通过网络产品交易中心进行的产品交易。这是 B2B 企业和 C2C 企业常用的一种模式。在这种交易模式中，网络产品交易中心（第三方电子商务交易平台）以互联网为基础，将产品供应商、采购商、银行和认证中心紧密地联系起来，为消费者提供市场信息、产品交易、仓储配送、货款结算等全方位的服务。

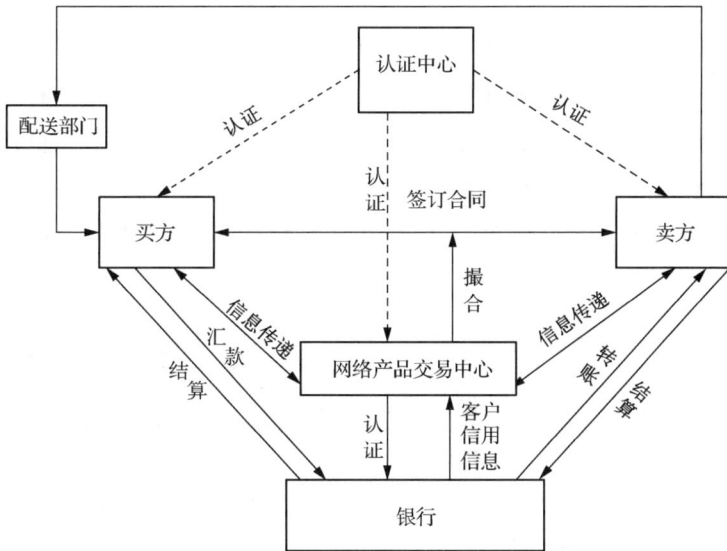

电子商务交易的
八种类型

图 1-8　网络产品中介交易模式

1.2　电子商务法概述

1.2.1　电子商务法的概念与地位

电子商务法是调整通过互联网等信息网络进行产品交易或者服

电子商务法教学
体系的调整

务交易的经营活动的法律规范的总和。

依据法学的基本理论，法的地位取决于一部法律在整个法律体系中有没有独立存在的位置，有没有独立存在的理由和必要性。只有在法律体系中有独立存在的位置，才可能有单独立法的必要性。法律关系是法律规范调整一定社会关系的结果，法律关系的建立必须适应一定的社会关系的性质，反映一定的社会关系的要求，符合一定社会关系的发展规律。只有现行法律难以调整当前社会关系或社会发展要求突破现行法律框架时，独立部门法才会出现。

传统部门法学以静态的、闭合的规范属性为划分依据，基本是农业文明和工业文明时代法律实践的产物；而以一定经济社会领域为划分依据，以该领域内的各种法律问题、各类法律关系为研究对象的领域法学，是对传统部门法学的超越和有益补充。

就电子商务而言，电子商务交易中发生的各种社会关系是在广泛采用现代信息技术并将这些应用于商业领域后，才形成的特殊的社会关系（因在线商业行为而发生的关系），这些社会关系交叉存在于虚拟市场和实体市场之间；而传统法律调整的对象都存在于现实物理世界的范围之内。因此，商业行为在互联网环境下形成的独立的调整对象孕育了新的部门法——电子商务法。

传统民法及民事程序法很难直接适用于虚拟环境中的交易活动，突出表现在合同效力的确定、诉讼管辖、证据认定等保障传统法律实施的理论和方法不能支持传统法律处理电子商务案件，管理传统媒体（如报纸、电视）的法律不能适应以网络为载体的全新的信息交流方式。

传统商法以现实中的商事主体和商事行为为调整对象。面对互联网环境下的商业行为，建立完善的规范体系，确保这种特殊环境下的商务运行安全有序，成了一个新的研究领域。因此，建立在线商事主体资格登记和管理制度、建立身份认证和其他安全保障制度、完善电子合同和电子支付的运作程序成了电子商务法的核心内容。

运用要素等同法分析虚拟市场，大家可以发现虚拟市场法律规制与实体市场法律规制的区别与联系（见表 1-1）。

表 1-1　实体市场法律规制与虚拟市场法律规制的区别与联系

项目	实体市场	虚拟市场
主体	主体包括个人、企业、商人和其他组织	主体是网民，网民仍然是由个人、企业、商人和其他组织组成的，但商人常以交易平台的角色出现
客体	客体是满足交换主体需要的各类产品和服务，以及充当产品替代物的货币	客体包括实物产品和数据产品、实体服务产品和信息服务产品。作为传统交易客体的产品和服务在网络环境下发生了很大变化。虚拟产品或服务作为一种新型的产品或服务出现在交易过程中
交易场所	交易场所是买卖双方交易时所占据的空间	交易场所是网络空间。互联网创造了人类活动的一个广阔的新空间。这个空间有着特殊的属性，包括虚拟性、开放性、互动性等。研究这一虚拟空间中的事物需要采取新的方法和手段
交易规则	交易规则是买者和卖者在交易过程中必须遵守的制度	交易双方除了遵守传统的交易规则外，还需要遵守网络环境下产品交易的特殊规定

知识拓展

　　要素等同法是通过分析传统事物的构成要素及其关系，提出新事物概念的一种方法。例如，传统合同包含 3 个要素（合同内容、载体和签名）和一个必要条件（利用骑缝章使合同形成一个整体）。而电子合同的合同内容没有变化，其载体由纸张换成屏幕、签名由手写签名换成电子签名，利用哈希函数加密使 3 个要素形成一体，因而电子合同同样具有法律效力。

1.2.2　电子商务法的性质与特征

　　电子商务法是一个非常庞杂的法律体系，涉及许多领域，既包括传统民法领域的合同法、对外贸易法、消费者权益保护法等，又包括电子商务领域的电子签名法、消费者权益保护法等。这些法律规范在总体上属于商法范畴。商法是公法干预下的私法，它是以任意性规范为基础的，同时有许多强制性规范。

　　电子商务法是商法的组成部分，按组织法与行为法划分，电子商务法在性质上应属于行为法或者是交易行为法的范畴。它同原有的商事法律相配合，共同调整具体的电子商务法律关系。

　　传统商法的主要特点是习惯性和无国界性。商法一开始只是商人在商业交往中自然形成的行业惯例，并随商业范围的扩展而传播到世界各地。现今大陆法系国家的商法均进入制定法或成文法的发展阶段。制定法使现代商法呈现一定的地域色彩，但国际贸易的发展，使得商法具有了显著的超地域性，而这种全球化特征在电子商务法中表现得更为突出。互联网的去中心化和跨越国界的信息流通，使得网络环境中的商务活动不受人群和国界的限制。这种状况决定了电子商务领域的许多问题只有国际社会采取一致规则才能解决，各国、各地区也只有进行广泛的国际合作才能有成效。因此，在电子商务立法过程中，国际社会特别是联合国起到了非常重要的作用。联合国较早地制定了供各国参照模仿及补充适用的示范法，起到了统一观念和原则的作用，为世界电子商务立法的协调一致奠定了基础。所以，电子商务法的首要特征是全球性。

　　互联网技术是现代信息技术的代表，电子商务在交易的各个阶段广泛采用互联网技术，与之相关的电子商务法也必然带有一定的技术特征，其主要特征如下。

　　（1）程式性。电子商务法一般不直接涉及交易的具体内容，即不直接涉及当事人享有的权利和义务，而主要调整当事人之间因不同交易手段的使用而引起的权利义务关系，即明确有关数据电文是否有效，是否归属于某人，电子签名是否有效、是否与交易的性质相适应，认证机构的资格如何，认证机构在证书颁发与管理中应承担何种责任等问题。

（2）技术性。在电子商务法中，许多法律规范都是直接或间接地由技术规范演变而成的。实际上，网络本身的运作也需要一定的技术标准，当事人若不遵守，就不可能在网络环境下进行电子商务交易。

（3）开放性。电子商务法是基于数据电文进行意思表示的法律制度，而数据电文在形式上是多样化的，并且还在不断发展之中。因此，国家需要以开放的态度对待任何技术手段与媒介，设立开放型的规范，让各种有利于电子商务发展的设想和技术都能发挥作用。

（4）复合性。电子商务法的复合性源于其技术手段的复杂性和依赖性，它通常表现为当事人必须在第三方的协助下完成交易活动。例如，在合同订立过程中，需要有网络服务商提供接入服务，需要有认证机构提供数字证书；在电子支付过程中，需要有第三方支付机构提供网络化服务。

1.2.3 电子商务法的调整对象和调整范围

1. 电子商务法的调整对象

电子商务的发展和自身的规范要求催生了电子商务法。电子商务交易及其形成的商事法律关系为电子商务法的调整对象。

电子商务法律关系主体包括买卖双方、平台经营者、平台内经营者、认证机构、物流配送企业、电子支付企业等。电子商务法律关系客体包括交易物、服务、智力成果等。

电子商务法的调整对象

2. 电子商务法的调整范围

电子商务法主要涵盖两类商业活动：一类是贸易型电子商务；另一类是服务型电子商务。

贸易型电子商务是移转财产权利的电子商务，包括有形货物的贸易和无形数据产品的贸易。二者的区别主要在于有形货物的贸易仍然

电子商务法的调整范围

需要利用传统物流配送渠道，如邮政、快递；而无形数据产品的贸易则可以通过网络实现标的物的交付，如软件、影视产品等的交付。

服务型电子商务包括为开展电子商务提供服务的经营活动和通过网络开展各项有偿服务活动的经营活动。服务型电子商务区别于贸易型电子商务的一个重要特点是它不移转任何财产权利，而只提供特定的服务。例如，互联网服务提供商（Internet Service Provider，ISP）所提供的网络接入服务、电子邮件服务、交易平台服务，教育、医疗、金融等行业企业提供的咨询服务等。虽然许多主体往往兼顾信息转让和信息服务，二者的界限并不十分清晰，但是，在法律上贸易和服务之间的差别还是存在的。

另外，随着信息技术的不断发展和用户需求的不断增长，近年来出现了一些实体市场、虚拟市场都采用的新技术（如移动商务技术）和新型电子商务类型，如线上到线下

（Online to Offline，O2O）。所以，电子商务法也需要考虑因实体市场与虚拟市场融合而出现的新问题。

1.2.4　电子商务法的作用

1．创造良好的法律环境

随着互联网技术的迅速普及，各类现代化通信手段在商务交易中的使用频率正在急剧提高。然而，我们以非书面电文形式来传递具有法律意义的信息可能会遇到法律障碍，也可能使这种电文的法律效力或有效性受到影响。起草电子商务法的目的，是要向电子商务的各类参与者提供一套在虚拟环境下进行交易的规则，说明怎样消除法律障碍，创造比较良好的法律环境。

2．保障网络交易安全

由于现代社会互联网应用快速发展，网络安全问题接踵而来，如网络入侵、网络攻击、非法获取公民信息、侵犯知识产权、损害公民合法利益等。这些问题不仅会严重危害国家安全和社会公共利益，也严重干扰了电子商务的交易活动。

网络空间已成为第五大主权领域空间，没有网络安全就没有电子商务安全。作为电子商务运行的关键基础设施，网络一旦遭受攻击，就可能导致交易中断、金融紊乱等问题，破坏性极大。而电子商务法的出台就是为了保障网络交易的安全。

3．扩大了规范范围

之所以提及电子商务单独立法，是因为国家有关传递和存储信息的法律不够完备，因为在起草那些法律时，还没有预见到电子商务的使用。例如，在某些情况下，传统法律规定要使用"书面""经签字的""原始"文件等，对现代通信手段的使用施加了某些限制。尽管国家就信息的某些方面颁布了具体规定，但仍然没有全面涉及电子商务的法律，这种情况可能使人们无法准确地把握并非以传统的书面文件形式提供的信息的法律性质和有效性，也无法完全相信电子支付的安全性。此外，在日益广泛地使用电子邮件和手机短信的情况下，也有必要对新型通信技术制定相应的法律和规范。

电子商务法还有助于弥补现有法律的缺陷。法律的不完备会对商务活动造成障碍，特别是在国际贸易中，相当大的一部分贸易是与使用现代信息技术有关的。如果我国对使用现代信息技术的法律与国际规范有较大差异和不明确性，将会限制我国企业在国际市场上的发展空间。

4．鼓励利用现代信息技术开展交易活动

电子商务法的目标是促进电子商务的发展或为此创造方便条件，平等对待基于书面文件的用户和基于数据电文的用户，充分发挥高科技手段在商务活动中的作用。这些目标都是促进经济增长和提高国际、国内贸易效率的关键。从这一点讲，电子商务立法的目的就是创造尽可能安全的法律环境，以便交易各方之间能够高效率地从事电子商务业务。

1.3 电子商务立法

1.3.1 电子商务立法的迫切性

1. 电子商务的迅速发展催生电子商务立法

在经济发展新常态的大背景下，电子商务多年保持高速发展，而且在转方式、调结构、稳增长、扩就业、惠民生等方面发挥了重要作用。最近 10 年（2012—2022 年），我国电子商务年均增长速度达到 22.6%。2022 年，我国电子商务交易额达到 43.83 万亿元，占当年国内生产总值（121 万亿元）的 36.2%。鼓励、支持、促进电子商务的发展和创新，迫切需要电子商务立法。

2. 电子商务的突出矛盾和问题要求尽快健全电子商务立法

电子商务作为一个新生事物，在发展过程中，一些矛盾和问题已经凸显：一是法律制度和商业规则有待完善；二是市场秩序有待规范，交易环境需要健全完善，损害消费者权益的现象时有发生，交易纠纷和商业冲突增多；三是管理方式有待理顺，原有管理方式已不能完全适应电子商务快速发展的需要，交易安全保障亟待加强。我国政府通过电子商务立法规范市场秩序迫在眉睫。

3. 保障电子商务各方主体权益迫切需要立法

保障消费者和经营者合法权益，应当坚持科学发展、依法规范、加强引导。电子商务领域消费者权益保护问题十分突出，社会各界反映较为集中。加大对电子商务领域消费者的保护力度，需要通过立法明确电子商务领域经营者特别是第三方平台的责任和义务，明确消费者享有的基本权利，鼓励和规范信用评价体系建设，形成符合电子商务发展特点的规范约束机制和争议解决机制。同时，也要通过立法来保障电子商务领域经营者的权益，按照政府最小干预原则，推动实现政府监管、行业自律、社会共治的有机结合，为电子商务的良性发展、互动创新奠定制度基础。

1.3.2 电子商务立法的指导思想和原则

党的二十大报告强调："推进科学立法、民主立法、依法立法，统筹立改废释纂，增强立法系统性、整体性、协同性、时效性。"电子商务立法属于新兴领域的立法，特别需要重视科学立法，增强立法的系统性。

电子商务立法的指导思想可概括为 12 个字，即促进发展、规范秩序、维护权益。促进发展始终是立法的第一出发点。电子商务立法无论是对某种行为的鼓励还是对某些做法的限制，都要能够促进电子商务健康、可持续发展。规范秩序是电子商务法发挥作用的切入点。电子商务法需要明确电子商务参与者的权利、责任和义务，明确交易规则，营造公平竞争的电子商务环境。维护各方权益是电子商务法的重要功能。维护电子商务领域消费者的权益应当被放在突出的位置，同时也要依法保护电子商务领域经营者的合法权益，促使市场更趋成熟。

电子商务立法需要遵循5个原则：一是促进发展，消除障碍，特别是消除法律障碍；二是政府干预最小化，让市场在资源配置中起决定性作用；三是技术中立、鼓励创新；四是维护交易安全；五是从政府监管、行业自律、市场自治、消费者监督四维出发，进行治理。

1.3.3　国际电子商务立法

1. 联合国

20世纪90年代,联合国开始积极地探索规范电子商务这种新的经济形态运行的法律体制，以便打造一个安全有序的虚拟经济环境。

1996年12月，联合国大会第51届会议通过了《贸易法委员会电子商业示范法》（简称《电子商业示范法》）。该法意在为各国、各地区提供电子商务法规示范文本。该法颁布之后，对各国、各地区电子商务的规范起到了很好的示范作用。截至2023年2月底，已有83个国家和地区共在164个法域通过了以《电子商业示范法》为基础或在其影响下形成的法律法规。

2001年12月，联合国大会第56届大会通过了《贸易法委员会电子签名示范法》（简称《电子签名示范法》）。这是联合国继《电子商业示范法》后通过的又一部涉及电子商务的重要法律。该法试图通过规范电子商务活动中的签名行为，建立一种安全机制，促进电子商务在世界贸易活动中的全面推广。截至2023年2月底，已有38个国家和地区通过了以《电子签名示范法》为基础或在其影响下形成的立法。

2005年11月，联合国大会第60届大会通过了《联合国国际合同使用电子通信公约》。该公约旨在消除国际合同使用电子通信的障碍，消除国际贸易法律文件在执行中可能产生的障碍，加强国际贸易合同的法律确定性和商业上的可预见性。该公约提出了在国际合同中使用电子通信的基本要求。截至2023年2月底，全世界已有18个国家和地区签署了这个公约。

2016年12月13日，联合国大会第71届大会通过了《关于网上争议解决的技术指引》（简称《网上争议解决的技术指引》）的提案。这一提案从提出到通过历时6年。中国代表团全程参与了整个文件的起草工作。会议期间，针对欧盟和美国两大利益集团的不同意见，中国代表团提出了自己的整体起草框架，并在导言、网上争议解决第一阶段和第二阶段的表述、网上争议解决第三阶段的性质、安全与保密、文件名称等关键问题上提出了具体建议。这是我国在国际经贸领域引领规则制定的一次有益尝试，是我国在联合国国际经贸规则的制定中取得的实质性突破。

2017年12月7日，联合国第72届大会通过了《贸易法委员会电子可转让记录示范法》（简称《电子可转让记录示范法》）。《电子可转让记录示范法》旨在从法律上支持电子可转让记录的境内使用和跨境使用，可适用于与可转让单证或票据功能等同的电子可转让记录。

2022 年，联合国国际贸易法委员会开始重点关注数据交易、数据合同和数据权的法律问题，并讨论有关"人工智能和自动化在订约中的应用"专题。

2. 其他国际组织

1997 年，世界贸易组织（World Trade Organization，WTO）对贸易领域的电子商务提出了需要立法规范的 11 个要点：①跨境交易的税收和关税问题；②电子支付问题；③网上交易规范问题；④知识产权保护问题；⑤个人隐私；⑥安全保密；⑦电信基础设施问题；⑧技术标准问题；⑨普遍服务问题；⑩劳动力问题；⑪政府引导作用问题。

1998 年，欧盟发布了《电子签名统一框架指令》，在欧盟地区推广电子签名。

1999 年，经济合作与发展组织（Organization for Economic Co-operation and Development，OECD）制定了《电商环境下消费者保护准则》，呼吁从事电子商务的企业公平地开展贸易、广告和市场营销等商业活动；向消费者提供关于企业、产品或服务、交易条款和条件的准确无误的信息；交易的确认过程应透明化；建立安全的支付机制；及时地、公正地、力所能及地解决纠纷和给予赔偿；保护消费者的个人隐私；向消费者和其他企业进行电子商务宣传。

2000 年，欧盟发布《2000 年 6 月 8 日欧洲议会及欧盟理事会关于共同体内部市场的信息社会服务，尤其是电子商务的若干法律方面的第 2000/31/EC 号指令》（简称《电子商务指令》）。该指令协调和统一了各成员国有关信息社会服务的国内法规，包括内部市场、服务提供者的创建、商业通信、电子合同、行为准则、庭外纠纷解决机制以及成员国间的合作方面的相关规定。

2022 年 8 月，欧洲议会通过《数字市场法》和《数字服务法》。这两部法律旨在通过新的竞争规则来创造一个更加公平开放的数字市场。《数字市场法》针对欧盟内商家或用户的核心平台服务，涵盖在线中介、在线搜索引擎、在线社交网络、视频共享、人际通信、操作系统、网络浏览器、虚拟助手、云计算、在线广告等服务。《数字服务法》要求建立打击非法商品、服务、内容的机制，建立对用户、社会赋权的新机制，建立评估和化解风险的机制，加强对超大在线平台的管理与执法。

3. 部分国家

美国是电子商务立法较为成熟的国家。1997 年 7 月，美国颁布了《全球电子商务纲要》，正式形成美国政府系统化电子商务发展政策和立法规划。之后，美国出台了一系列的法律和文件，它们相互联系，从而在整体上构成了电子商务的法律基础和框架。其中包括以信息为主要内容的《电子通信隐私法》《网络安全信息共享法案》等；以基础设施为主要内容的《1996 年电信法》；以计算机安全为主要内容的《计算机安全法》《计算机网络保护法案》等；以商务实践为主要内容的《统一电子交易法》《全球和国内商业法中的电子签名法案》等。

新加坡是国际上电子商务立法最早的国家之一，它在 1998 年就制定了《电子交易法》及配套法规《电子交易（认证机构）规则》。2010 年，新加坡对上述两个文件进行了重大修正，主要突出了电子签名的法律效力和使用规则，以使其立法能够适应电子商务发展的需要。

从 1999 年起，俄罗斯开始对互联网及电子商务制定了一系列法律法规，如《电子商务法》《电子数字签名法》，以及《电子商务组织和法律标准》《提供电子金融服务法》等。2018 年发布的《俄联邦数字经济发展 2035 规划》强调为发展数字经济创造良好的法律调节环境，包括明确数字经济中的法律关系、采用特殊的法律制度机制、在法律综合领域取消对数字经济发展的法律限制等。

德国结合欧盟新数据保护法，对原《联邦数据保护法》进行了较大的改动，于 2017 年 7 月通过《新联邦数据保护法》。2018 年 11 月，德国联邦议会又通过《防止互联网交易逃避增值税并进一步修订税收规定法案》。该法案要求电子商务平台有义务确保其平台上的经营者依法完成税务登记并依法履行纳税义务，不履行该义务的电子商务平台应当对平台上经营者的欠缴税款承担连带责任。

1.3.4 我国电子商务立法

1. 电子商务立法工作

2004 年 8 月，全国人民代表大会常务委员会通过了《中华人民共和国电子签名法》（简称《电子签名法》），并于 2015 年第一次修正，于 2019 年第二次修正。该法首次赋予可靠电子签名与手写签名或盖章具有同等的法律效力，解决了电子记录的证据规则问题。《电子签名法》的出台是我国电子商务发展的里程碑，它的颁布和实施扫除了电子签名在电子商务、电子政务和其他领域中应用的法律障碍，极大地改善了我国电子签名应用的法制环境。

2013 年 10 月修正的《中华人民共和国消费者权益保护法》（简称《消费者权益保护法》）第二十五条中增加了在网络购物中"消费者有权自收到商品之日起七日内退货，且无需说明理由"的表述。

2015 年 8 月通过的《中华人民共和国刑法修正案（九）》（简称《刑法修正案》）规定："编造虚假的险情、疫情、灾情、警情，在信息网络或者其他媒体上传播，或者明知是上述虚假信息，故意在信息网络或者其他媒体上传播，严重扰乱社会秩序的，处三年以下有期徒刑、拘役或者管制；造成严重后果的，处三年以上七年以下有期徒刑。""明知他人利用信息网络实施犯罪，为其犯罪提供互联网接入、服务器托管、网络存储、通讯传输等技术支持，或者提供广告推广、支付结算等帮助，情节严重的处三年以下有期徒刑或者拘役，并处或者单处罚金。"

2017 年 6 月 1 日，《中华人民共和国网络安全法》（简称《网络安全法》）正式施行。该法明确了网络空间主权的原则，明确了网络产品、服务提供者和网络运营者的安全义务，进一步完善了个人信息保护规则。

2013年12月，全国人民代表大会常务委员会正式启动了电子商务法的立法工作。通过4次征求意见，于2018年8月31日第十三届全国人民代表大会常务委员会第五次会议通过了《中华人民共和国电子商务法》（简称《电子商务法》），自2019年1月1日起施行。

《电子商务法》是我国建构与互联网时代的社会经济生活相适应的法律体系的重要立法举措。该法的制定对我国电子商务的健康可持续发展产生了深远的影响。该法共七章八十九条，主要对电子商务的经营者、电子商务合同的订立与履行、电子商务争议解决、电子商务促进和法律责任等五个方面做出规定。

2019年10月，我国颁布《中华人民共和国密码法》（简称《密码法》），明确密码是指"采用特定变换的方法对信息等进行加密保护、安全认证的技术、产品和服务"；同时，《密码法》将密码分为核心密码、普通密码和商用密码三类。其中，核心密码、普通密码用于保护国家秘密信息；商用密码用于保护不属于国家秘密的信息。

2020年5月28日，第十三届全国人民代表大会第三次会议表决通过的《中华人民共和国民法典》（简称《民法典》）充分借鉴吸收了电子商务法和互联网行业规范制度的相关内容，并进行了拓展和提升。《民法典》不仅对电子合同的相关内容进行了特殊规定，而且将《电子商务法》没有涵盖的新闻信息、音视频节目、出版以及文化产品等方面的服务也纳入了规范。此外，《民法典》还对数字产品的知识产权保护、个人信息保护等方面的内容做了规范。

2021年第二次修正的《中华人民共和国广告法》（简称《广告法》）规定，利用互联网发布、发送广告，不得影响用户正常使用网络；在互联网页面以弹出等形式发布的广告，应当显著标明关闭标志，确保一键关闭。

2. 电子商务法规建设工作

2009年2月，工业和信息化部通过的《电子认证服务管理办法》是与《电子签名法》配套施行的部门规章，主要包括电子认证服务许可证的发放和管理、电子认证服务行为规范、电子认证服务的暂停或者终止、电子签名认证证书的相关内容、监督管理和对违法行为的处罚等内容。

2010年6月，中国人民银行发布的《非金融机构支付服务管理办法》规定：从事支付业务的非金融机构必须取得由央行颁发的支付业务许可证，逾期未能取得许可证者将被禁止继续从事支付业务。

2011年4月，商务部发布《第三方电子商务交易平台服务规范》，从平台设立、基本行为规范、平台经营者对平台内经营者的管理与引导、平台经营者对消费者的保护等方面对第三方平台经营与管理做出规范。其中，设置"冷静期"、平台异地备份、平台赔付等制度引起社会广泛关注。

2012年9月，中国人民银行发布的《支付机构预付卡业务管理办法》规定了不记名预付卡的资金限额，强调购卡实名制度，不允许预付卡广泛用于网络支付，防范套现和洗钱风险。

2017 年 8 月 16 日，工业和信息化部通过《互联网域名管理办法》，明确了部省级通信管理局的职责分工，完善了域名服务许可制度，规范了域名注册服务活动，有效促进了域名服务行业健康有序发展。

2017 年 12 月，国家密码管理局修正的《电子认证服务密码管理办法》明确了电子认证服务提供者申请电子认证服务使用密码许可证的条件和程序，同时也对电子认证服务系统的运行和技术改造等做出了相应规定。

2021 年，市场监督管理总局发布《网络交易监督管理办法》（简称《办法》）。《办法》明确了网络交易监管坚持鼓励创新、包容审慎、严守底线、线上线下一体化监管原则，提出推动完善多元参与、有效协同、规范有序的网络交易市场治理体系，对网络经营主体登记、新业态监管、平台经营者主体责任、消费者权益保护、个人信息保护等重点问题做出了明确规定。

2023 年 11 月，国务院常务会议审议通过《非银行支付机构监督管理条例》，把非银行支付纳入整个金融体系和风险监管框架之内。

1.3.5　电子商务立法应关注的基本内容

1. 促进电子商务发展

电子商务是一个新兴产业，需要通过立法明确促进电子商务发展的产业政策。这将有利于电子商务创新发展的市场环境和有关机制建设以法律的形式确定下来；有利于明确符合电子商务发展需要的监管原则、治理体系和监管机制；有利于建立促进跨境电子商务发展的制度机制；有利于鼓励平台创新业务内容、提供多元服务。

2. 规制电子商务经营者

参与网络交易的经营者很多，可分为自建网站经营者、平台经营者、平台内经营者、其他服务提供者。对于这些经营者的一些普遍问题，已经有了相应的法律加以规制，但仍有很多特殊问题没有正式的法律加以规制，这些问题应当是电子商务立法着重解决的问题。

3. 规范电子商务交易流程

从对电子商务交易流程的分析可以看出，电子商务同样要经历电子合同签署、电子支付、产品（服务）送达 3 个阶段。对这 3 个阶段制定出规范其运作的条款，可以将电子商务这一新型行业的运作纳入法治的轨道。特别是电子合同，需要从订约流程、格式合同、自动信息系统订立或履行合同等方面加以规范。

4. 规范交易环境

规范交易环境包括电子商务交易纠纷解决、电子商务交易环境保护、服务与监督等内容。

5．规制跨境电子商务流程

由于跨境电子商务是电子商务非常重要的组成部分。相对于境内电子商务，跨境电子商务的流程有其特殊性，需要加以规制。

6．保护电子商务交易信息与规制电子商务信息利用行为

与传统商务相比，电子商务中信息的作用更为重要和突出。信息是全部交易的载体，信息保护、信息利用行为的规制标准远远高于传统交易活动，因此，也需要对其专门强调。

1.4 电子商务促进

为了推动电子商务更好更快地发展，《电子商务法》做了以下规定。

（1）国务院和省、自治区、直辖市人民政府应当将电子商务发展纳入国民经济和社会发展规划，制定科学合理的产业政策，促进电子商务创新发展。

（2）国家推动电子商务在国民经济各个领域的应用，支持电子商务与各产业融合发展。

（3）国家促进农业生产、加工、流通等环节的互联网技术应用，鼓励各类社会资源加强合作，促进农村电子商务发展。

（4）国家维护电子商务交易安全，保护电子商务用户信息，鼓励电子商务数据开发应用，保障电子商务数据依法有序自由流动。国家采取措施推动建立公共数据共享机制，促进电子商务经营者依法利用公共数据。

（5）国家支持依法设立的信用评价机构开展电子商务信用评价，向社会提供电子商务信用评价服务。

（6）国家推动建立与不同国家、地区之间跨境电子商务的交流合作，参与电子商务国际规则的制定，促进电子签名、电子身份等国际互认。国家推动建立与不同国家、地区之间的跨境电子商务争议解决机制。

课后练习

一、选择题

1．（单选）世界范围内第一个全面确立电子商务运行的法律文件是（　　）。

A．美国《统一电子交易法》

B．美国《全球和国内商业法中的电子签名法案》

C．联合国《电子商业示范法》

D．新加坡《电子交易法》

2．（多选）电子商务在交易的各个阶段广泛采用互联网技术，与之相关的电子商务法也必然带有一定的技术特征，包括（　　）。

A．程式性　　　　B．技术性　　　　C．开放性　　　　D．复合性

二、填空题

1. 电子商务法律关系客体包括＿＿＿＿＿＿、＿＿＿＿＿＿、＿＿＿＿＿＿等。

2. 电子商务立法的指导思想可概括为 12 个字，即＿＿＿＿＿＿、＿＿＿＿＿＿、

＿＿＿＿＿＿。

三、简答论述题

1. 简述电子商务的概念与分类。

2. 简述电子商务法的调整对象与调整范围。

3. 简述电子商务法的作用。

4. 简述电子商务立法原则。

5. 试论述电子商务立法应关注的基本内容。

四、案例分析题

结合本章引导案例，试分析刷单炒信的违法性质。

第 2 篇

电子商务交易人规范

第2章

电子商务交易人的一般规定

虚拟市场的交易活动与实体市场的交易活动都是由交易人进行的。不同的是由于运行环境与使用手段不同，电子商务交易人往往通过虚拟的方式呈现并参与交易。电子商务法的重要任务就是确保电子商务交易人的真实身份，确保其具备从事相应电子商务交易的资质。本章将在介绍电子商务交易主体、交易客体的基础上，重点讨论电子商务交易主体的设立、认定和管制等方面的法律规则。

学习目标

1. 掌握电子商务交易客体的定义与分类。
2. 熟悉电子商务交易主体的认定方法。
3. 了解最小干预原则。
4. 掌握电子商务市场准入程序。
5. 掌握电子商务市场退出程序。

引导案例：减肥啫喱水假货案的主体认定

原告系某大学生杨某，被告为某第三方交易平台。原告于2000年上半年在被告处订购了"KOSE特效银杏减肥啫喱水"一瓶，后发现系假货。

出于网上购物纠纷诉讼之需要，原告于2000年8月29日前往公证处，申请对其在网上购物的整个过程进行证据保全。在公证员在场的情况下，原告在被告处订购了"美美化妆品网店"（化名）护肤品中心的"KOSE特效银杏减肥啫喱水"一瓶，价值人民币88元，并确认了送货时间和地点。"KOSE特效银杏减肥啫喱水"送到后，原告在送货单上签字，当场取得盖有美好化妆品有限公司（化名）发票专用章的发票和送货单各一张。之后，经春丝丽有限公司工作人员证实，该商品并非由日本KOSE制造。为此，原告诉至法院，要求判令被告（从事B2C业务的经营性网站）承担退一赔一的民事责任，共计人民币176元，并赔偿公证费400元。

另查，被告系外商独资企业。2000 年 6 月 28 日，被告与美好化妆品有限公司签订了合作协议。根据协议，美好化妆品有限公司在平台上设立美美化妆品网店，并支付店铺入驻费、网页维护费等相关费用；被告在商户专卖区域设立美好化妆品有限公司的网店标志；吸引顾客入店选购商品；美好化妆品有限公司负责开具发票及寄送商品事宜，并负责商品的质量保证和售后服务。

本案的主体认定较为复杂。被告是一家从事 B2C 业务的第三方平台；美美化妆品网店是由美好化妆品有限公司在平台上设立的网店。该网店是虚拟主体，不能独立承担民事责任，因此，本案处理的关键是明确交易的真实主体。

2.1 电子商务交易客体与交易主体

2.1.1 电子商务市场的法律构成

狭义的实体市场是指买卖双方进行交易的场所。广义的实体市场包含交易行为，即不仅包括交易场所，还包括所有的交易行为。不论是狭义的实体市场还是广义的实体市场，市场上发生的交易都伴随产权转移。

电子商务市场是利用互联网技术所构造的商品（或服务）交易的虚拟场所。但这个虚拟市场与实体市场类似，它也是由交易客体和交易主体构成的。

电子商务交易客体包括电子商务市场中被交易的产品或服务。电子商务交易主体包括电子商务经营者和电子商务买受人。电子商务买受人是指电子商务市场中产品或服务的买方，包括企事业单位、政府机构、消费者。

2.1.2 电子商务交易客体

交易客体是交易主体权利义务所指向的对象，即商品（或服务）。产品进入市场后，成为可以交易的商品。商品进入市场进行交易必须满足两个基本条件：一是上市交易的商品必须合法；二是商品的质量、计量及包装等必须符合有关规定。在不同的经济条件下，交易客体的广度与深度有所不同。在电子商务条件下，交易客体可以分为实体商品（或服务）与虚拟商品（或服务）两大类。

2.1.3 电子商务经营者

根据《电子商务法》，电子商务经营者是指通过互联网等信息网络从事销售商品或者提供服务的经营活动的自然人、法人和非法人组织，包括电子商务平台经营者、平台内经营者以及通过自建网站、其他网络服务销售商品或者提供服务的电子商务经营者。

电子商务平台经营者是指在电子商务中为交易双方或者多方提供网络经营场所、交易撮合、信息发布等服务，供交易双方或者多方独立开展交易活动的法人或者非法人组织。

平台内经营者，是指通过电子商务平台销售商品或者提供服务的电子商务经营者。

2.2 电子商务交易主体的认定

电子商务经营者可以呈现为现实主体，如实体市场中存在的企业；也可以呈现为虚拟主体，如在虚拟市场中设立的网店或摊位，其在实体市场中没有相应的实体，仅仅可以通过对服务器的访问找到它们。这种虚拟主体应当视为现实主体在虚拟市场中的延伸。为了保证电子商务交易的安全性，电子商务交易的参与主体也必须是真实存在的。因此，电子商务立法的首要任务便是确立电子商务交易主体真实存在的判定规则，保证交易主体的真实性。

2.2.1 在线企业

人们已经习惯将互联网称为虚拟世界，将仅在互联网上开展商务活动的企业称为虚拟企业。但虚拟并不表示不存在，如此称呼只是为了区别于实体市场中存在的从事传统商务活动的企业，因此本书将虚拟企业称为在线企业。

在线企业可以是实体企业在网上的延伸，是实体企业在网上宣传和销售商品的窗口，建立在线企业仅仅是实体企业的经营手段的一种扩展。对制造商或生产商而言，建立在线企业可以直接撇开中间商，在网上建立自己的销售网络；对批发商或零售商而言，可以通过建立在线企业开设交易平台或在线超市，销售其经销的商品。

在线企业也可以是一个在物理世界中只有虚拟主机或服务器的企业。这类在线企业通过网站或移动客户端 App 上展现自己的形象。虽然在线企业没有物理形态的生产和经营设施，只有图片、文字和大量的企业商品和服务信息，但不能认为这类企业是撇开现实而只是在网上单纯存在的虚拟企业。它们也需要在市场监督管理局登记，需要根据电信主管部门的要求通过备案手续公布自己的主体信息及虚拟主机或服务器的位置。

2.2.2 在线企业的登记管理

在线企业虽然是实体企业设立的电子商务交易窗口，但它毕竟是通过页面反映其存在的，其是否真实存在很难判断。因此，确保在线企业的真实性就成为保障电子商务交易安全的关键。这里面临两种选择：一种是允许企业自由设立在线企业，不进行备案，依靠市场监督机制和企业自身信用保证交易安全；另一种是对在线企业实行登记注册备案制度，以确保在线企业真实存在。

《民法典》第七十八条规定，依法设立的营利法人，由登记机关发给营利法人营业执照。《电子商务法》第十条规定，电子商务经营者应当依法办理市场主体登记。但是，个人销售自产农副产品、家庭手工业产品，个人利用自己的技能从事依法无须取得许可的便民劳务活动和零星小额交易活动，以及依照法律、行政法规不需要进行登记的除外。

从《电子商务法》第十条的规定可以看出，开展 4 类电子商务活动是不用登记的。

（1）个人销售自产农副产品、家庭手工业产品。

（2）个人利用自己的技能从事依法无须取得许可的便民劳务活动。

（3）零星小额交易活动。

（4）依照法律、行政法规不需要进行登记的。

"小额"交易活动的界定可以参照小微企业免征增值税的标准，即月销售额不超过 10 万元的交易活动。

《网络交易监督管理办法》第八条进一步细化不用登记的电子商务活动：个人通过网络从事保洁、洗涤、缝纫、理发、搬家、配制钥匙、管道疏通、家电家具修理修配等依法无须取得许可的便民劳务活动，依照《中华人民共和国电子商务法》第十条的规定不需要进行登记。个人从事网络交易活动，年交易额累计不超过 10 万元的，依照《中华人民共和国电子商务法》第十条的规定不需要进行登记。同一经营者在同一平台或者不同平台开设多家网店的，各网店交易额合并计算。

2.2.3　电子商务交易主体认定的基本原则

电子商务交易是一种非面对面的交易，即使有在线企业登记制度，对电子商务交易主体的判断也是比较困难的。在经营性网站提供电子商务交易平台的情况下，对电子商务交易主体的认定难度更大。第三方交易平台类似一个交易中心，里面聚集了许多商户，这些商户共同构成了一个市场，而且这个市场与第三方交易平台存在着密切的利害关系。在这种情形下，认定电子商务交易主体是处理电子商务交易纠纷的关键，认定时可遵循以下基本原则。

1. 民事主体真实原则

民事主体真实原则，即民事法律关系的主体必须是真实存在的，而不应当是虚拟的或不存在的。因此在线企业（主体）必须真实存在。而真实存在有两种形式。一种是现实中存在对应的企业主体，即在现实中具备住所或办公场所、注册资本、组织机构等要素经登记而合法的营业主体。另一种是现实中原本不存在对应的企业，只是为设立在线企业而成立新企业，纯粹从事网上交易。这种形式在 B2C 交易中比较多。一般来讲，除生产信息商品的企业外，纯粹从事网上交易的企业只能是商业企业。这类企业开设有账户、存在经营人员、存在配货中心等，只是它没有展示商品的柜台，只有虚拟店铺。

2. 民事主体资格法定原则

民事主体资格法定是民法的一个基本原则，即哪些主体可以参加民事法律关系、享有民事权利、承担民事义务完全由法律规定。民事主体资格法定突出地表现在商事主体法定上。在我国，凡以商事主体身份从事交易或其他营业活动，必须进行企业登记；不具有法人资格的合伙组织或其他营业主体（如分支机构），只要取得营业执照或进行营业登记，也具有从事商事交易的主体资格。从民法的角度看，只要获得营业执照，即可认定为具有参与民事法律关系的主体资格。《电子商务法》第十条明确规定："电子商务经营者应当依法办理市场主体登记。"

需要讨论的问题是，企业是否可以在网上设立与企业名称或商号不一致的网店或窗口。例如，实体企业"家乐福"，在网上是否可以设立"乐家福"店铺？依笔者的观点，不可能完全禁止人们在网络环境中设立异于其实体企业商号的企业，硬性规定禁止是不可行的，但法律必须要求在线企业标明其设立人或对应的实体企业，并按照规定将实体企业的统一社会信用代码或电子营业执照号码标识于网店页面上。上述情况的存在，给认定电子商务交易主体增加了一些难度。为此，需要明确认定电子商务交易主体的第三个原则——主体公示原则。

3. 主体公示原则

商事主体的名称或商号最主要的功能是区别不同交易主体，不同的名称即视为不同的主体，以谁的名义缔结合同，谁即是合同的当事人。但是，在中介交易模式中，许多企业集中在一个市场，以谁的名义进行交易就显得非常重要。因此可以遵循显名原则，即在交易过程中向交易相对人显示网店设立人或真实交易主体，显示的是谁，谁即为交易的主体。所以，在线企业必须在网上显示其真实主体。这一原则特别适用于在第三方交易平台上开设虚拟网店的情形。

在电子商务交易中，在线企业设置名称至少存在两种做法，一种是直接以实体企业名称设立网店，另一种是以新名称设立网店。直接以实体企业名称设立的网店，网上显示的名称与实体企业一致，符合显名原则，判断当事人不成问题。而在网店名称与实体企业名称不一致的情况下，消费者无法根据网店名称判断网店是由哪个企业设立的，因而无从判断交易主体是谁，谁将最终对所销售的商品负责。所以，这类网店需要依法进行登记，取得电子营业执照，否则网店不具备商事主体资格。因此，在交易相对人访问网店并寻求订约时，了解在跟谁缔结合同就显得特别重要。

所以，《电子商务法》第十五条规定："电子商务经营者应当在其首页显著位置，持续公示营业执照信息、与其经营业务有关的行政许可信息、属于依照本法第十条规定的不需要办理市场主体登记情形等信息，或者上述信息的链接标识。"

2.3　电子商务市场准入与退出

2.3.1　最小干预原则

电子商务市场准入与退出是政府对电子商务监管的重要环节。在监管过程中，政府应始终贯彻"最小干预原则"，即凡公民、法人或者其他组织能够自主决定，电子商务市场竞争机制能够有效调节，行业组织或者中介机构能够自律管理的事项，应当避免政府的不当干预。在这方面，美国政府的做法值得借鉴。

1997 年，美国政府发布《全球电子商务政策框架》，提出了电子商务发展 5 项基本原则。

（1）企业应在电子商务发展中发挥主导作用。

（2）政府应避免对电子商务的不当干预。

（3）如果需要政府干预，政府应当以最低标准来建立和推行与电子商务相协调的、简化的法律体系。

（4）政府应认识并接受互联网的特殊性。

（5）应当在全球范围内促进电子商务的发展。

在构建电子商务政策框架过程中，应当注意以下事项。

（1）当事人可以选择合适于自己的方式调整契约关系。

（2）规范必须在技术上是中立的，并且具有超前性。

（3）需要支持电子技术应用时，应考虑修订现行的法律或颁布新的法律。

（4）立法中既要考虑到应用网络技术的高科技企业，也要考虑到没有应用互联网的企业。

政府有义务打造一个透明的、和谐的法律环境，以保障电子商务商业活动正常进行。电子商务法律框架应着眼于保护公平交易、保护平等竞争、保护消费者权益、保护知识产权和个人隐私，国家应制定有利于调解纠纷和打击犯罪的有效措施和方法。

2.3.2　电子商务市场准入与退出制度

电子商务市场准入和退出制度是关于电子商务市场主体资格确立、审核、确认、丧失的法律制度。

广义的电子商务主体既包括商事主体，也包括消费者、政府等非商事主体。而电子商务市场准入和退出制度适用的电子商务主体主要是从事电子商务的商事主体，即狭义的电子商务主体。

电子商务主体有虚拟性、身份不确定性、跨地域性和数量种类繁多等特点。电子商务市场准入和退出制度所涉及的对象也相当复杂：既包括通过电子商务形式直接提供各种商品或服务的商事主体，也包括提供虚拟集中交易场所的平台提供者，还包括提供物流、支付等相关服务的服务提供者；既包括公司，也包括合伙企业、个体工商户、自然人等主体；既包括内资企业，也包括外资企业；既包括境内主体，也包括境外主体。

传统市场准入与退出制度的设计非常到位，在金融行业、外贸行业、房地产行业、民航行业尤为突出。但在电子商务领域，除网上银行领域外，有关制度的设计还比较欠缺，也具有较大的难度。

电子商务市场准入与退出制度的设计离不开对电子商务本身特点及其与传统商务活动区别的把握。

电子商务与传统商务活动的区别在于：一是经营空间具有虚拟性，这既带来更多的市场机遇，也带来更多的市场风险；二是市场范围较少受地域限制，可以跨越距离、通信、国界等多方面的障碍；三是进入市场的门槛较低，只要有一定通信技术条件即可对接全球范围的网上市场；四是经营方式更为高效，交易快速便捷；五是更注重信用保证，由于交易双方没有面对面的接触，建立信任更难，更依赖真实的信用记录和合理的交易规则。

从本质上看，电子商务活动仍然是商事活动，与传统商事主体一样，电子商务主体的商事行为也具有营利性，也必须恪守法律和伦理规范。电子商务作为现代商务形态，与传统商务的区别，更多地体现在技术手段层面。所以，传统商务的一般规则，包括准入和退出的规则同样适用于电子商务。电子商务法需要对电子商务的特殊行为进行专门的规制。

2.3.3　设计电子商务市场准入及退出制度的基本目标

1. 促进电子商务在各行各业的应用

制定市场准入及退出制度是国家市场管理的基本方式之一。建立新型的适应电子商务发展的市场准入及退出制度，对于规范电子商务发展环境、加快企业发展方式的转变都有着非常重要的作用。完善和推广市场准入负面清单，除明确禁止和限制投资经营的行业、领域、业务外，使电子商务企业都可依法平等进入，才能充分发挥电子商务技术上和经营上的优势。

2. 建立诚信的电子商务市场环境

电子商务的虚拟特性，使得部分假冒伪劣商品泛滥，给一些投机取巧的人提供了非法牟利的机会。长期持续的结果是，电子商务市场中优质商户和消费者将被排挤出市场，严重阻碍电子商务的发展。通过电子商务立法，规范虚拟市场准入和退出的行为，建立网络交易的诚信体系，提高违法代价，将有效控制电子商务市场中因信息不对称引起的商品质量问题、无序竞争问题和道德风险问题，达到净化电子商务市场的目的。

3. 维护充分竞争的电子商务生态

市场主体进入电子商务市场的成本和难易程度与制度的严格程度和进入壁垒的高低直接相关，也对整个虚拟市场运作效率和活跃程度产生间接影响。政府应对进入部分行业（如金融行业、电信行业、认证行业）的电子商务企业实行市场准入限制，设定恰当的门槛，保持一定数量级的经营者在市场中同时开展经营活动，以保证市场维持优胜劣汰的竞争机制，防止少数企业垄断市场，防止一些企业弄虚作假，防止某些企业因盲目扩大规模而造成无谓损失，从而造就一个充分竞争的电子商务生态环境，引导行业有序健康发展。

4. 保护电子商务交易各方的合法权益

电子商务市场准入制度的推行，能够加强网店经营者和网站经营者的资格认证，改变目前电子商务参与者管理混乱的局面，从源头上降低对侵害消费者权益行为的发生风险。对于违法经营或因各种原因放弃经营的经营者，市场退出制度的建立起到净化市场，可以有效地维护交易中的受侵害一方的合法权益的作用。

2.3.4 电子商务市场准入

1. 电子商务市场准入的基本要求

电子商务主体并不是一个新设的、独立于传统商事主体的存在，它只是一种身份标志。因此，电子商务市场准入程序更多的是对已有规定稍加修改后的合理运用。

根据《中共中央 国务院关于加快建设全国统一大市场的意见》，我国实行统一的市场准入制度，严格落实"全国一张清单"管理模式，严禁各地区各部门自行发布具有市场准入性质的负面清单，维护市场准入负面清单制度的统一性、严肃性、权威性；依法开展市场主体登记注册工作，建立全国统一的登记注册数据标准和企业名称自主申报行业字词库，逐步实现经营范围登记的统一表述；制定全国通用性资格清单，统一规范评价程序及管理办法，提升全国互通互认互用效力。

2022年9月，苏、浙、皖、沪四地市场监管部门共同签署了《长三角地区市场准入体系一体化建设合作协议》，率先提出市场准入的4个"统一"，包括统一登记标准、统一服务规范、统一信息共享、统一创新步调。

电子商务市场准入程序的设立应当坚持降低交易成本，增强交易安全的基本原则，确保准入条件合理实现，同时保证程序高效。

2. 电子商务市场准入的程序

关于具体登记办法，市场监督管理总局发布的《市场监管总局关于做好电子商务经营者登记工作的意见》规定，积极支持、鼓励、促进电子商务发展，结合电子商务虚拟性、跨区域性、开放性的特点，充分运用互联网思维，采取互联网办法，按照线上线下一致的原则，为依法应当登记的电子商务经营者办理市场主体登记提供便利。电子商务经营者申请登记为个体工商户的，允许其将网络经营场所作为经营场所进行登记。对于在一个以上电子商务平台从事经营活动的，需要将其从事经营活动的多个网络经营场所向登记机关进行登记。允许将经常居住地登记为住所，个人住所所在地的县、自治县、不设区的市、市辖区市场监督管理部门为其登记机关。以网络经营场所作为经营场所登记的个体工商户，仅可通过互联网开展经营活动，不得擅自改变其住宅房屋用途用于从事线下生产经营活动并应做出相关承诺。登记机关要在其营业执照"经营范围"后标注"（仅限于通过互联网从事经营活动）"。

《国务院机构改革和职能转变方案》规定：除涉及国家安全、公民生命财产安全等外，不再实行先主管部门审批、再工商登记的制度，商事主体向工商部门申请登记，取得营业执照后即可从事一般生产经营活动。所以，除涉及国家安全、公民生命财产安全外，商事主体可以先通过电子商务市场准入程序获得电子商务主体资格后再向有关部门申请许可。"先照后证"允许商事主体取得电子商务主体资格后再申请行政许可，降低了电子商务市场准入的门槛。

2.3.5　电子商务市场退出

1．电子商务市场退出方式

（1）自行退出。自营交易网站、第三方平台企业和平台内经营者，因为经营期满、战略调整、投资人死亡等原因，构成企业自行解散条件的，应允许其停止营业。

（2）强制退出。电子商务经营者，因为违反《中华人民共和国产品质量法》（简称《产品质量法》）《消费者权益保护法》《中华人民共和国反不正当竞争法》（简称《反不正当竞争法》）等法律，扰乱电子商务市场正常秩序，构成强制解散条件的，应强制其退出电子商务市场，吊销相关营业许可和执照。

（3）网站、网店转让。自营交易网站和第三方交易平台的转让，可以通过评估、选择受让方、签订转让合同等程序完成。电子商务经营者在第三方交易平台上的网络经营资源可依法并遵循交易平台合法的规则向其他经营者转让或由其他经营者承继。

2．电子商务市场退出公告

（1）自营交易网站、第三方交易平台退出电子商务市场，或暂停经营，应当在其网站醒目处发布公告，明确告知买受人和平台内经营者相关事宜。

（2）平台内经营者、个人网店退出第三方交易平台，或暂停经营，第三方交易平台应发布相关公告。

（3）因各种原因不能自行发布公告的，由监管部门协助发布。

3．电子商务市场退出程序

（1）自营交易网站、第三方交易平台、平台内经营者退出电子商务市场，应当注销相关经营许可。

（2）参照《中华人民共和国公司法》（简称《公司法》）第十章启动公司清算程序，客观评估虚拟财产的价值，做好善后工作。

（3）需要办理工商注销登记的，应依法注销。

（4）已宣布退出电子商务市场的经营者，应在限期内停止网上营业。在规定期限内未停止，视为违法经营，电子商务监管部门应给予行政处罚，互联网接入服务商应关停其网络端口。

（5）退出市场的电子商务经营者，应当按照电子商务信息安全管理规定封存与销毁数据。

2.4　电子商务市场监管体系

《电子商务法》第六条规定，国务院有关部门按照职责分工负责电子商务发展促进、监督管理等工作。县级以上地方各级人民政府可以根据本行政区域的实际情况，确定本行政区域内电子商务的部门职责划分。

（1）商务部设立电子商务和信息化司、各省市商务局设立电子商务处，专门负责电子商务的发展规范问题，包括不正当竞争、纵向垄断、违法实施经营者集中、干涉平台内经营者的自主经营、违反网络禁限售规定、知识产权侵权等重点问题的规范。

（2）市场监督管理部门对网络交易活动进行全面监管，重点对虚假宣传、价格违法、搭售或者附加不合理交易条件、网络传销、"二选一"、大数据杀熟等行为实施监测；依法开展监督检查、案件调查、事故处置、缺陷消费品召回、消费者争议处理等监管执法活动。

（3）工业和信息化部负责增值电信业务的互联网服务的审批和监管。

（4）对特殊商品和服务，应当取得相关主管部门的许可。

（5）对涉及外资特殊准入的经营活动，应当取得商务主管部门的许可。

知识拓展

电子商务发展中出现的许多新名词反映了新的行为方式。这是电子商务法需要重点规制的。例如，"二选一"是指电子商务第三方交易平台滥用市场支配地位，要求交易相对人在竞争性平台间进行"二选一"（即选择甲平台交易就不能选择乙平台交易），属于限定交易的行为；"大数据杀熟"是指同一个商品，对不同的消费者显示不同的价格，而且对老用户和价格不敏感的用户显示的价格更高，属于实施差别待遇，排除、限制市场竞争的行为。

课后练习

一、选择题

1．（单选）下列应当依法办理市场主体登记的是（　　　）。

A．个人销售家庭手工业商品

B．开展零星小额交易活动

C．利用自己的技能从事便民劳务活动

D．批量销售农副商品

2．（多选）电子商务市场准入程序的设立应当考虑（　　　）。

A．坚持降低交易成本　　　　B．提高交易安全

C．确保准入条件合理实现　　D．保证程序高效

二、填空题

1．《长三角地区市场准入体系一体化建设合作协议》提出市场准入的4个"统一"，包括_____、_____、_____、_____。

2．电子商务市场退出方式包括_____、_____、_____。

三、简答论述题

1. 试论述电子商务交易主体认定的基本原则。

2. 简述在线企业的登记管理。

3. 简述最小干预原则。

4. 简述设计电子商务市场准入及退出制度的基本目标。

5. 简述电子商务市场准入程序。

6. 简述电子商务市场退出程序。

四、案例分析题

结合本章引导案例，试阐述如何确认电子商务交易中真实主体。

第3章

关于电子商务经营者的法律规范

电子商务经营者是指通过互联网等信息网络从事销售商品或者提供服务的经营活动的自然人、法人和非法人组织，包括电子商务平台经营者、平台内经营者以及通过自建网站、其他网络服务销售商品或者提供服务的电子商务经营者。本章重点阐述电子商务经营者的基本义务、规范电子商务平台经营者的法律法规、平台经济反垄断监管，以及其他有关服务经营者的特别规定等内容。

学习目标

1. 掌握电子商务经营者的基本义务。
2. 熟悉与电子商务平台经营者有关的法律规范。
3. 了解平台经济反垄断监管的主要方面。
4. 了解电子商务其他有关服务经营者的特别规定。

引导案例：电子商务平台未以显著方式区分标记自营与非自营业务案

2022年，王某通过A电子商务平台购买洗鞋服务。该服务实际由某清洗公司提供，并由该清洗公司选择快递物流提供者负责上门取送。在王某所下订单的详情页中，A电子商务平台并未以显著方式提示实际服务商为某清洗公司，而是使用了A电子商务平台品牌相关的若干宣传语。在配送送洗鞋物过程中，涉案订单与其他订单发生混淆，导致王某丢失送洗鞋物。王某诉至法院，要求A电子商务平台承担赔偿责任。

上海××法院审理后认为，服务商的披露界面属于与消费者具有重大利害关系的格式条款，A电子商务平台未以显著方式区分标记自营与非自营业务，且对某清洗公司作为服务提供方的披露方式易引起消费者混淆，额外加重了消费者知悉、理解格式条款的负担并误导消费，故判决A电子商务平台向王某承担赔偿责任。A电子商务平台不服判决提出上诉，后在二审期间与王某达成调解。

在电子商务网络交易这一特殊领域，消费者信息渠道有限，在订约时并不具备对合同条款进行协商的机会和能力，故在此类纠纷中，法院应当对电子合同交易的消费者予以倾斜性保护。本案中，人民法院明确电子商务平台作为披露界面的提供方，不仅负有提示义务，对于提示义务的审查标准也应从严把握，对要求电子商务企业诚信经营、友善经营具有现实意义。本案裁决充分考量电子商务网络交易特性，从严把握提示义务认定标准，为弱势缔约地位的消费者提供法律保护，有利于避免电子商务平台滥用优势地位，维护消费者合法权益，对践行诚信、友善的社会主义核心价值观具有积极意义。

3.1　电子商务经营者的基本义务

3.1.1　销售的商品或者提供的服务应当符合法律规定

《电子商务法》第十二条规定，电子商务经营者从事经营活动，依法需要取得相关行政许可的，应当依法取得行政许可。

这里的行政许可主要针对药品、危险品、易制毒化学品、种子等商品的销售。

3.1.2　配合相关部门的监管

电子商务经营者应当配合相关部门的监管，依法提供与监管事项相关的必要信息和统计数据。政府部门必须依法行政，不能随意对企业提出要求。

3.1.3　信息公开

《电子商务法》第十五条规定，电子商务经营者应当在其首页①显著位置，持续公示营业执照信息、与其经营业务有关的行政许可信息、属于依照本法第十条规定的不需要办理市场主体登记情形等信息，或者上述信息的链接标识。前款规定的信息发生变更的，电子商务经营者应当及时更新公示信息。

《电子商务法》第十六条规定，电子商务经营者自行终止从事电子商务的，应当提前三十日在首页显著位置持续公示有关信息。

《电子商务法》第三十三条规定，电子商务平台经营者应当在其首页显著位置持续公示平台服务协议和交易规则信息或者上述信息的链接标识，并保证经营者和消费者能够便利、完整地阅览和下载。

3.1.4　依法纳税

《电子商务法》第十一条规定，电子商务经营者应当依法履行纳税义务，并依法享

---

① 这里的"首页"比较含糊，容易混淆。《网络交易监督管理办法》第十二条明确说明："网络交易经营者应当在其网站首页或者从事经营活动的主页面显著位置，持续公示经营者主体信息或者该信息的链接标识。鼓励网络交易经营者链接到国家市场监督管理总局电子营业执照亮照系统，公示其营业执照信息。"这里，"网站首页或者从事经营活动的主页面显著位置"是对"首页"的进一步说明。

受税收优惠。依照前条规定不需要办理市场主体登记的电子商务经营者在首次纳税义务发生后，应当依照税收征收管理法律、行政法规的规定申请办理税务登记，并如实申报纳税。

本条将所有电子商务经营者包括不需要办理市场主体登记的微商、自然人等纳入纳税范畴。

根据第十三届全国人民代表大会常务委员会第五次会议通过的《关于修改〈中华人民共和国个人所得税法〉的决定》第六条的规定，应纳税所得额的计算以经营所得为基础，每一纳税年度的收入总额减除成本、费用以及损失后的余额，为应纳税所得额。

以淘宝网为例，在平台上开店不需要登记的自然人网店如果在一个纳税年度的收入额减除费用 6 万元以及专项扣除、专项附加扣除和依法确定的其他扣除后有余额，余额即为应纳税所得额。在这些网店首次纳税义务发生后，应当依照税收征收管理法律、行政法规的规定申请办理税务登记，并如实申报纳税。

3.1.5　使用电子发票

《电子商务法》第十四条规定，电子商务经营者销售商品或者提供服务应当依法出具纸质发票或者电子发票等购货凭证或者服务单据。电子发票与纸质发票具有同等法律效力。

这一条明确了电子发票的法律效力。也就是说，电子发票成为法定的报销凭证，从而为电子发票的大规模推广铺平了道路。

3.2　用于规范电子商务平台经营者的法律法规

对平台经营者的规范是电子商务法中非常重要的内容。《电子商务法》中有多条款项直接涉及电子商务平台经营者（简称平台经营者）。

3.2.1　电子商务平台的交易管理制度建设

交易规则是电子商务交易平台运行的基本规定。平台经营者应当制定交易规则、明确与平台内经营者共同遵循的守则，并建立交易安全保障、消费者权益保护、知识产权保护、不良信息处理、纠纷解决等管理制度。

根据商务部《第三方电子商务交易平台服务规范》的规定，平台经营者应提供规范化的网上交易服务，建立和完善各项规章制度，包括但不限于下列制度。

（1）用户注册制度。

（2）平台交易规则。

（3）信息披露与审核制度。

（4）隐私权与商业秘密保护制度。

（5）消费者权益保护制度。

（6）广告发布审核制度。

（7）交易安全保障与数据备份制度。

（8）争议解决机制。

（9）不良信息及垃圾邮件举报处理机制。

（10）法律、法规规定的其他制度。

平台经营者应定期在本平台内组织检查网上交易管理制度的实施情况，并根据检查结果及时采取改善措施。

对各项管理制度，平台经营者应当在其网站显示生效时间，并从技术上保证用户能够便利、完整地阅览和保存。

3.2.2　平台经营者对平台内经营者身份的查验

实名登记是针对第三方电子商务平台内经营者鱼龙混杂情况严重，且相关行政监管部门难以取证执法所提出的。《电子商务法》第二十七条规定，电子商务平台经营者应当要求申请进入平台销售商品或者提供服务的经营者提交其身份、地址、联系方式、行政许可等真实信息，进行核验、登记，建立登记档案，并定期核验更新。

平台经营者应当监督平台内经营者合法经营。对于违反法律、行政法规的经营行为，平台经营者有权要求平台内经营者改正或依法采取必要的处置措施，并向有关主管部门报告。

管理部门发现平台内经营者有违反法律、法规行为，依法要求平台经营者采取措施制止的，平台经营者应当予以配合。

3.2.3　平台经营者对平台内经营者商品或服务的查验

《电子商务法》第三十八条规定，电子商务平台经营者知道或者应当知道平台内经营者销售的商品或者提供的服务不符合保障人身、财产安全的要求，或者有其他侵害消费者合法权益行为，未采取必要措施的，依法与该平台内经营者承担连带责任。

京东自营与
第三方经营

对关系消费者生命健康的商品或者服务，电子商务平台经营者对平台内经营者的资质资格未尽到审核义务，或者对消费者未尽到安全保障义务，造成消费者损害的，依法承担相应的责任。

《电子商务法》第八十三条规定：电子商务平台经营者违反本法第三十八条规定，对平台内经营者侵害消费者合法权益行为未采取必要措施，或者对平台内经营者未尽到资质资格审核义务，或者对消费者未尽到安全保障义务的，由市场监督管理部门责令限期改正，可以处五万元以上五十万元以下的罚款；情节严重的，责令停业整顿，并处五十万元以上二百万元以下的罚款。

3.2.4　平台经营规则修改与平台内经营者进入和退出

《电子商务法》第三十四条规定，电子商务平台经营者修改平台服务协议和交易规则，应当在其首页显著位置公开征求意见，采取合理措施确保有关各方能够及时充分表达意见。修改内容应当至少在实施前七日予以公示。

平台内经营者不接受修改内容，要求退出平台的，电子商务平台经营者不得阻止，并按照修改前的服务协议和交易规则承担相关责任。

平台经营者与申请进入平台销售商品或者提供服务的平台内经营者订立的协议，应当按照《网络交易监督管理办法》有关条款的规定，明确双方在进入和退出平台、商品和服务质量安全保障、消费者权益保护等方面的权利、义务和责任。

3.2.5　平台经营者自营业务与他营业务的区分

《电子商务法》第三十七条规定，电子商务平台经营者在其平台上开展自营业务的，应当以显著方式区分标记自营业务和平台内经营者开展的业务，不得误导消费者。

电子商务平台经营者对其标记为自营的业务依法承担商品销售者或者服务提供者的民事责任。

在电子商务纠纷调解中，投诉案例来自自营平台中非自营业务的比重较高，许多消费者常常混淆平台经营者销售的商品和平台内经营者销售的商品。因此，平台经营者在自有平台上开展商品或服务自营业务的，应当以显著方式对自营部分和其他经营者经营部分进行区分和标识，避免消费者误解。

3.2.6　平台经营者服务的终止

不同于传统商业机构的影响的地域局限性，电子商务交易平台影响的社会面要大得多。因此，对电子商务交易平台服务的终止也必须有较高的要求。

《电子商务法》第十六条规定，电子商务经营者自行终止从事电子商务的，应当提前三十日在首页显著位置持续公示有关信息。

对服务终止应提前公示的解读

平台经营者擅自关闭平台服务，造成用户权益受到侵害的，应当承担相应的民事赔偿责任。

3.3　平台经济反垄断监管

平台经济业务类型复杂、竞争多变，加强平台经济反垄断监管需要遵循《中华人民共和国反垄断法》（简称《反垄断法》）和《国务院反垄断委员会关于平台经济领域的反垄断指南》（简称《平台反垄断指南》）。

3.3.1　平台经济相关概念

（1）平台，为互联网平台，是指通过网络信息技术，使相互依赖的双边或者多边主体在特定载体提供的规则下交互，共同创造价值的商业组织形态。平台是一类交易场所，平台本身不生产产品，但可以促成双方或多方之间的交易，收取恰当的费用或赚取差价而获得收益。

（2）平台经济，是一种基于数字技术，由数据驱动、平台支撑、网络协同的经济活动单元所构成的新经济系统。

（3）平台经济领域经营者，包括平台经营者、平台内经营者以及其他参与平台经济的经营者。

3.3.2 垄断协议概述

平台经济领域垄断协议是指经营者排除、限制竞争的协议、决定或者其他协同行为。《反垄断法》禁止经营者达成、实施垄断协议。认定平台经济领域的垄断协议，应参照《反垄断法》第二章和国家市场监督管理总局《禁止垄断协议规定》。

垄断协议的主要类型如下。

（1）横向垄断协议。具有竞争关系的平台经济领域经营者可能通过下列方式达成固定价格、分割市场、限制产（销）量、限制新技术、联合抵制交易等横向垄断协议：利用平台收集并且交换价格、销量、成本、客户信息等敏感信息；利用技术手段进行沟通；利用数据、算法等实现协调；采取其他有助于实现协同的方式。

（2）纵向垄断协议。平台经济领域经营者与交易相对人可能通过下列方式达成固定转售价格、限定最低转售价格等纵向垄断协议：利用技术手段对价格进行自动化设定；利用平台规则对价格进行统一；利用数据和算法对价格进行直接或者间接限定；排除、限制市场竞争。

（3）轴辐协议。轴辐协议也称为"轴辐共谋"，是处于供应链中不同层级的经营者为了追求共同的非法利益而设计的商业方案。具有竞争关系的平台内经营者可能借助与平台经营者之间的纵向关系，或者由平台经营者组织、协调，达成具有横向垄断协议效果的轴辐协议。

知识拓展

轴辐协议架构示意见图 3-1。在轴辐协议的架构下，纵向供应链中的一方（买方或供应商）充当车轮的轴；供应链上下游经营者之间的纵向关系就是车轮的辐条，辐条之间的横向协议（供应链同一层级中的经营者之间的协议）是车轮的辋。与横向协议不同，轴辐协议通常是供应链中的纵向参与者之间达成的共谋，但目的还是为了消除横向竞争者之间的竞争。

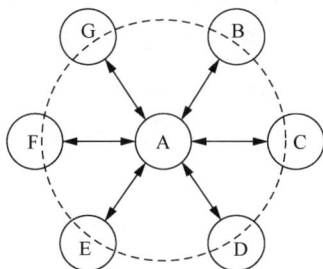

图 3-1 轴辐协议架构

判断平台经济领域协同行为，可以通过直接证据判断是否存在协同行为的事实。如果直接判断证据较难获取，可以按照逻辑一致的间接证据了解经营者对相关信息的知悉状况，从而判断经营者之间是否存在协同行为。经营者可以提供相反证据证明其不存在协同行为。

3.3.3 禁止滥用市场支配地位

1. 平台经济中市场支配地位的认定

判断平台经济领域的滥用市场支配地位行为，应参照《反垄断法》第三章和《禁止滥用市场支配地位行为规定》，考虑以下因素。

（1）经营者的市场份额以及相关市场竞争状况。可以考虑交易金额、交易数量、销售额、活跃用户数、点击量、使用时长或者其他指标在某一市场所占比重等因素。

（2）经营者控制市场的能力。可以考虑该经营者控制上下游市场或者其他关联市场的能力，阻碍、影响其他经营者进入相关市场的能力，相关平台经营模式、网络效应，以及影响或者决定价格、流量或者其他交易条件的能力等。

（3）经营者的财力和技术条件。可以考虑投资者情况、资产规模、资本来源、盈利能力、融资能力、技术创新和应用能力、拥有的知识产权、掌握和处理相关数据的能力、维持市场地位的能力等。

（4）其他经营者对该经营者在交易上的依赖程度。可以考虑其他经营者与该经营者的交易关系、交易量、交易持续时间，锁定效应，用户黏性，以及其他经营者转向其他平台的可能性及转换成本等。

（5）其他经营者进入相关市场的难易程度。可以考虑市场准入、平台规模效应、技术壁垒、用户转换成本、数据获取的难易程度、用户习惯等。

（6）其他因素。

2. 不公平价格行为

具有市场支配地位的平台经济领域经营者，可能滥用市场支配地位，以不公平的高价销售商品或者以不公平的低价购买商品。分析是否构成不公平价格行为，可以考虑以下因素。

（1）销售或者购买价格是否明显高于或者明显低于其他同类业务经营者在相同或者相似市场条件下销售或购买同种商品或者可比较商品的价格。

（2）销售或者购买价格是否明显高于或者明显低于该平台经济领域经营者在其他相同或者相似市场条件下销售或购买同种商品或者可比较商品的价格。

（3）在成本基本稳定的情况下，经营者是否超过正常幅度提高销售价格或者降低购买价格。

（4）经营者销售商品的提价幅度是否明显高于成本增长幅度，或者采购者采购商品的降价幅度是否明显高于交易相对人成本降低幅度。

3. 低于成本销售

具有市场支配地位的平台经济领域经营者，可能滥用市场支配地位，没有正当理由，以低于成本的价格销售商品，排除、限制市场竞争。

分析是否构成低于成本销售，一般重点考虑平台经济领域经营者是否以低于成本的价格排挤具有竞争关系的其他经营者，以及是否存在在将其他经营者排挤出市场后，提高价格获取不当利益、损害市场公平竞争和消费者合法权益等情况。

平台经济领域经营者低于成本销售可能具有以下正当理由：在合理期限内为发展平台内其他业务；在合理期限内为促进新商品进入市场；在合理期限内为吸引新用户；在合理期限内开展促销活动；能够证明行为具有正当性的其他理由。

4. 拒绝交易

具有市场支配地位的平台经济领域经营者可能滥用其市场支配地位，无正当理由拒绝与交易相对人进行交易，排除、限制市场竞争。分析是否构成拒绝交易，可以考虑以下因素。

（1）停止、拖延、中断与交易相对人的现有交易。

（2）拒绝与交易相对人开展新的交易。

（3）实质性削减与交易相对人的现有交易数量。

（4）在平台规则、算法、技术、流量分配等方面设置不合理的限制和障碍，使交易相对人难以开展交易。

（5）控制平台经济必需设施的经营者拒绝与交易相对人以合理条件进行交易。

5. 限定交易

具有市场支配地位的平台经济领域经营者，可能滥用市场支配地位，无正当理由对交易相对人进行限定交易，排除、限制市场竞争。分析是否构成限定交易行为，可以考虑以下因素。

（1）要求平台内经营者在竞争性平台间进行"二选一"，或者限定交易相对人与其进行独家交易的其他行为。

（2）限定交易相对人只能与其指定的经营者进行交易，或者通过其指定渠道等限定方式进行交易。

（3）限定交易相对人不得与特定经营者进行交易。

分析平台经营者是否构成限定交易，可以重点考虑以下两种情形：一是平台经营者通过屏蔽店铺、搜索降权、流量限制、技术障碍、扣取保证金等惩罚性措施实施限制，对市场竞争和消费者利益产生直接损害；二是平台经营者通过补贴、折扣、流量资源支持等激励性方式实施限制，这种情形虽对平台内经营者、消费者利益和社会整体福利具有一定积极效果，但如果有证据证明对市场竞争产生明显的排除、限制影响，则会被认定为构成限定交易行为。

6. 搭售或者附加不合理交易条件

具有市场支配地位的平台经济领域经营者，可能滥用市场支配地位，无正当理由实施搭售或者附加不合理交易条件，排除、限制市场竞争。分析是否构成搭售或者附加不合理交易条件，可以考虑以下因素。

（1）利用格式条款、弹窗、操作必经步骤等导致交易相对人无法选择、更改、拒绝的方式，将不同商品进行捆绑销售。

（2）以搜索降权、流量限制、技术障碍等惩罚性措施，强制交易相对人接受其他商品。

（3）对交易条件和方式、服务提供方式、付款方式和手段、售后保障等附加不合理限制。

（4）在交易价格之外收取不合理费用。

（5）强制收集非必要用户信息或者附加与交易标的无关的交易条件、交易流程、服务项目。

7. 差别待遇

具有市场支配地位的平台经济领域经营者，可能滥用市场支配地位，无正当理由对交易条件相同的交易相对人实施差别待遇，排除、限制市场竞争。分析是否构成差别待遇，可以考虑以下因素。

（1）基于大数据和算法，根据交易相对人的支付能力、消费偏好、使用习惯等，实行差异性交易价格或者其他交易条件。

（2）实行差异性标准、规则、算法。

（3）实行差异性付款条件和交易方式。

3.3.4 限制经营者集中

《反垄断法》禁止经营者实施具有或者可能具有排除、限制竞争效果的集中。国务院反垄断执法机构依法对平台经济领域的经营者集中进行审查，并对违法实施的经营者集中进行调查处理。

经营者集中达到国务院规定的申报标准的，经营者应当事先向国务院反垄断执法机构申报，未申报的不得实施集中。涉及协议控制架构的经营者集中，属于经营者集中反垄断审查范围。

结合平台经济的特点，审查平台经济领域经营者集中可以考虑以下因素。

（1）经营者在相关市场的市场份额。对于仅提供信息匹配、收取佣金等服务费的平台经营者，可以按照平台所收取的服务费及平台其他收入计算营业额；还可以考察交易金额、交易数量、活跃用户数、点击量、使用时长等在某一市场所占比重，并可以对上述指标进行综合评估，判断其动态变化趋势。

（2）经营者对市场的控制力。可以考虑经营者是否对关键性、稀缺性资源拥有独占权利以及该独占权利的持续时间，还可考察平台的用户黏性、对数据接口的控制能力、向其他市场渗透或者扩展的能力、经营者的盈利能力及利润率水平、技术创新的频率和速度、商品的生命周期、是否存在或者可能出现颠覆性创新等。

（3）相关市场的集中度。可以考虑相关平台市场的发展状况、现有竞争者数量和市场份额等。

（4）经营者集中对市场进入的影响。可以考虑市场准入情况，经营者获得必要资源和必需设施的难度，进入相关市场需要的资金投入，用户在数据迁移、检索等方面的转换成本，还可考虑进入的可能性、及时性和充分性。

（5）经营者集中对技术进步的影响。可以考虑现有市场竞争者在技术和商业模式等创新方面对经营者，特别是初创企业和新兴平台的创新动机和能力的影响。

（6）经营者集中对消费者的影响。可以考虑集中后经营者是否有能力和动机以提高商品价格、降低商品质量、减少商品多样性、损害消费者选择能力和范围、不恰当使用消费者数据等方式损害消费者利益。

3.4　其他有关服务经营者的特别规定

（1）为网络交易经营者提供宣传推广、支付结算、物流快递、网络接入、服务器托管、虚拟主机、云服务、网站网页设计制作等服务的经营者，应当及时协助市场监督管理部门依法查处网络交易违法行为，提供其掌握的有关数据信息。

（2）网络社交、网络直播等网络服务提供者为经营者提供网络经营场所、商品浏览、订单生成、在线支付等网络交易平台服务的，应当依法履行网络交易平台经营者的义务。

（3）微博客服务提供者应当落实信息内容安全管理主体责任，建立健全用户注册、信息发布审核、跟帖评论管理、应急处置、从业人员教育培训等制度及总编辑制度，具有安全可控的技术保障和防范措施，配备与服务规模相适应的管理人员。

（4）网络用户、网络服务提供者利用网络侵害他人民事权益的，应当承担侵权责任。

（5）围绕促进数据要素合规高效、安全有序流通和交易需要，培育一批数据商和第三方专业服务机构。通过数据商，为数据交易双方提供数据产品开发、发布、承销和数据资产的合规化、标准化、增值化服务，促进提高数据交易效率。

课后练习

一、选择题

1.（单选）电子商务经营者自行终止从事电子商务的，应当提前（　　）日在首页显著位置持续公示有关信息。

A. 三十　　　　B. 二十　　　　C. 十　　　　D. 七

2.（多选）平台经济领域垄断协议的主要类型包括（　　）。

A. 横向垄断协议　B. 纵向垄断协议　C. 合作协议　　D. 轴辐协议

二、填空题

1. 电子商务经营者销售_____、_____、_____、_____等商品应取得行政许可。

2. 平台经济领域经营者，包括_____、_____以及_____。

三、简答论述题

1. 试论述电子商务经营者的基本义务。

2. 试论述关于电子商务平台经营者的管理制度。

3. 试论述平台经营者对平台内经营者的管理。

4. 简述平台经济反垄断监管的主要方面。

5. 试述其他有关电子商务服务经营者的特别规定。

四、案例分析题

结合本章引导案例，说明电子商务平台为什么必须以显著方式区分标记自营与非自营业务。

第 3 篇

电子商务交易流程规范

第4章
电子合同与电子签名法律制度

合同是交易的桥梁，电子合同是电子商务的核心。在网络环境下，使用电子签名和自动信息系统订立的电子合同都具有法律效力。本章着重阐述电子合同的法律关系、电子合同的订立、电子签名的功能，也涉及电子合同的查询、电子合同的保密与安全问题。

学习目标

1. 掌握电子合同、电子签名的概念。
2. 熟悉订立电子合同的方法。
3. 了解电子合同的法律效力。
4. 了解电子合同的法律关系。

引导案例：南京云签的 MMEC 电子合同系统

依据《电子签名法》和《中华人民共和国国家标准电子合同订立流程规范》（GB/T 36298—2018）（简称《电子合同订立流程规范》（GB/T 36298—2018）），南京云签开发了 MMEC 电子合同系统并通过国家验收。在合同订立过程中以及订立成功后，订立双方都可以随时浏览电子合同原文以及电子签名人身份信息。订立成功后，电子合同默认存入电子合同档案室。订立双方也可以下载电子合同的压缩文档并储存在本地计算机上，便于随时浏览、打印、验证和携带。南京云签电子合同效果见图4-1。

电子合同的表现形式多样，如电子邮件、电子表单、电子订单。对于普通电子合同而言，订立双方发生合同纠纷时，合同的真实性须经司法鉴定才能确认。复杂的鉴定程序和较高的成本令部分企业望而却步。而电子合同具备的法律效力等同于纸质合同，因此具备了书证的法律诉讼效力。相关各方人员可以随时携带或发送其电子合同压缩文档，也可以出具由南京云签电子合同服务平台提供的 MMEC 电子合同验真报告（见图 4-2），方便用户随时上网浏览、打印和验真。

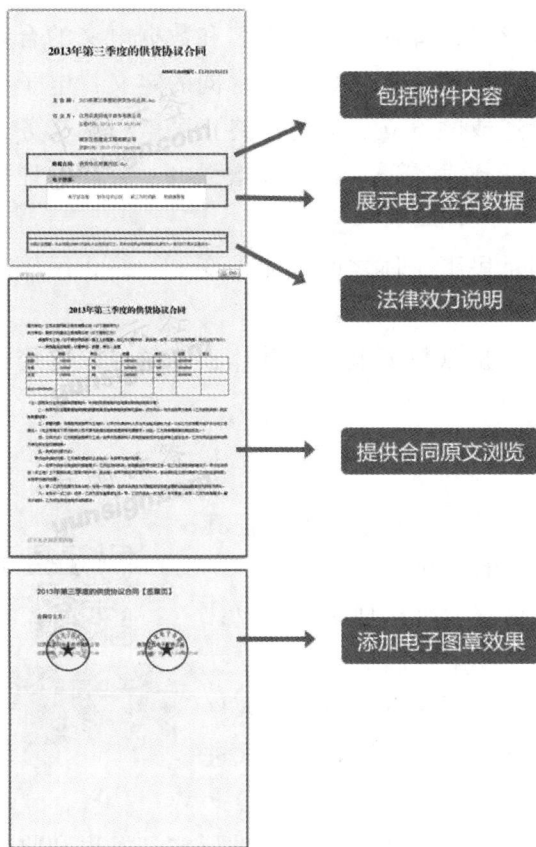

图 4-1　南京云签电子合同效果

图 4-2　南京云签的 MMEC 电子合同验真报告

MMEC 电子合同系统充分考虑到合同的电子化保存和应用，为用户提供云端电子合同储存功能，通过权限设置、借阅管理、收付提醒、合同跟踪、分类归档等各项功能为用户使用电子合同提供了便利。

4.1　电子合同概述

4.1.1　电子合同的定义

联合国《电子商业示范法》第六条规定："如果法律要求信息须采用书面形式，则假若一项数据电文所含信息能够调取以备日后查用，即满足了该项要求。"该法虽未对电子合同进行明确的定义，但从这条规定来看，《电子商业示范法》允许贸易双方通过电子手段传递信息、签订买卖合同和进行货物所有权的转让。这样，以往不具法律效力的数据电文得到了法律的承认。《电子商业示范法》的通过为实现国际贸易的无纸操作提供了法律示范文本。

《电子签名法》第三条规定，民事活动中的合同或者其他文件、单证等文书，当事人可以约定使用或者不使用电子签名、数据电文。

这里，民事活动中的合同可以分为两种形式，即使用电子签名和数据电文的合同与不使用电子签名和数据电文的合同。由此，我们可以给出电子合同的定义：电子合同是指平等民事主体之间以数据电文方式所形成的设立、变更、终止民事权利义务关系的协议。当事人可应用电子签名等电子核证技术签署合同，以增强电子合同的证据效力。

《民法典》第四百六十四条规定："合同是民事主体之间设立、变更、终止民事法律关系的协议。"

电子合同区别于传统合同的两个要件，一是以数据电文为载体，二是可以使用电子核证技术。

4.1.2 电子合同的形式

与传统合同相比，电子合同的意义和作用虽没有发生改变，但其订立环境、订立环节和合同形式却发生了很大的变化。

（1）合同订立的环境不同。传统合同的订立发生在现实世界里，交易双方可以面对面协商，而电子合同的订立发生在虚拟空间中，交易双方可以不见面，在电子自动交易中，甚至无须知道交易相对人。交易方的身份通过向对方披露或公示，或经第三方认证核验的方式进行确定。

电子合同与传统合同的区别

（2）合同订立的部分环节发生了变化。电子合同要约与承诺的形式、发出和收到的时间与传统合同不同，合同成立和生效的判断要件也发生了改变。

（3）合同的形式发生了变化。电子合同所载信息是数据电文，不存在原件与复印件的区分，无法用传统的方式进行签名和盖章。

（4）合同当事人的权利和义务有所不同。在电子合同中，既存在由合同内容所决定的实体权利义务关系，又存在因特殊合同形式产生的权利义务关系，如数字签名法律关系。在实体权利义务关系中，某些在传统合同中不是很受重视的权利义务在电子合同里显得十分重要，如信息披露义务、保护隐私权义务等。

（5）电子合同的履行和支付较传统合同复杂。

（6）电子合同形式上的变化对与合同密切相关的其他法律产生了重大影响，如知识产权法、证据法、个人信息保护法等。

《民法典》也将传统的书面合同形式扩大到数据电文形式。《民法典》第四百六十九条规定："以电子数据交换、电子邮件等方式能够有形地表现所载内容，并可以随时调取查用的数据电文，视为书面形式。"也就是说，不管合同采用什么载体，只要可以有形地表现所载内容，即视为符合法律对"书面"的要求。这一规定，符合联合国国际贸易法委员会建议采用的"功能等同法"的要求。

知识拓展

　　功能等同法通过分析传统商事运作的目的和功能，确定如何利用互联网技术来实现这些目的和功能。例如，运用功能等同法分析纸面材料的功能，可以发现，在使用纸张的环境下，书面合同的功能基本上包括 11 种：①确保有可见证据，证明各当事方确有订立契约的意向；②帮助各当事方意识到订立契约的后果；③确保文件可为所有人识读；④确保文件恒久不变；⑤使文件可以复制；⑥通过签字方式进行数据核证；⑦确保文件为法院可接受的形式；⑧体现作者的意向并提供记录；⑨便于以有形的形式储存；⑩便于稽查及日后的审计、税收或管制；⑪产生法律上的权利和义务。电子合同如果可以满足这 11 项功能，即可在实际应用中替代书面合同。

4.1.3　电子合同当事人

　　当事人订立合同须有法定的缔约能力。《民法典》规定，成年人为完全民事行为能力人，可以独立实施民事法律行为。十六周岁以上的未成年人，以自己的劳动收入为主要生活来源的，视为完全民事行为能力人。八周岁以上的未成年人为限制民事行为能力人，实施民事法律行为由其法定代理人代理或者经其法定代理人同意、追认；但是，可以独立实施纯获利益的民事法律行为或者与其年龄、智力相适应的民事法律行为。不满八周岁的未成年人为无民事行为能力人，由其法定代理人代理实施民事法律行为。

　　然而，由于网络交易本身的虚拟性，当事人无法获知对方的缔约能力，尤其是在 B2C 交易中，如果消费者不具有完全民事行为能力，其与商户订立的合同是否有效。上述问题的解决有利于电子商务交易的顺利开展。

　　基于电子合同种类的不同，当事人分为两种情形。

　　（1）对于直接在网上开展交易活动的当事人，其缔约能力应适用《民法典》的规定。电子商务的特殊性并没有改变民事活动的本质，民事活动对交易当事人缔约能力的要求自然不应发生改变。考虑到电子商务交易双方并不见面，难以识别交易相对方的年龄和精神状态等情况，因此，法律上推定交易双方具有相应的民事行为能力，其意思表示真实。当然，若有证据证明交易当事人并不具备相应的民事行为能力，其监护人是有权申请撤销该交易的。

　　（2）对于接受公共信息服务的当事人，不论其年龄或精神状态如何均应视为完全民事行为能力人。从理论上说，民事权利能力和行为能力是基于平等原则而来的，目的是保护个人的利益，然而为保护网络交易安全，应对缔约能力理论的应用加以限制。所以，即使是无民事行为能力人或限制民事行为能力人的行为，有时也应认定其有效。

在电子商务中，当事人上网浏览、收发电子邮件等对公共信息的利用行为，如同当事人接受公共设施服务行为，无须考虑其民事行为能力。因此，当事人接受服务商信息服务或进行身份认证的行为，即使是无民事行为能力人或限制民事行为能力人也应视为完全民事行为能力人。

4.1.4　电子合同的标的

标的是合同权利义务所指向的对象，在传统合同的分类中具有重要意义。

电子合同的标的可以分为两类：一类是数据商品；另一类是非数据商品，即实体商品或实体服务。数据商品具有如下特点。

（1）稳定性。因为信息不可能磨损，除非故意改变其程序，一经产生，就可以永久存在。数据商品不存在新旧之分，对购买人而言，数据商品可以长期使用且无须重复购买。

（2）可变性。数据商品的内容容易被修改，即使生产数据商品的厂商要求使用人未经同意不得修改数据商品的内容，但是部分使用人仍然采用特定技术来修改。所以，为了防止盗版和与同类商品竞争，厂商不得不定期升级数据商品。这一特性决定了数据商品许可使用的情形远多于其所有权的销售。

（3）可复制性。所有数据商品都可以无限次地复制、存储和传输。这意味着生产厂商只要开发出一种数据商品就可以无限次地许可使用，同时也不得不防止盗版行为。

界定数据商品这一标的的意义在于：合同当事人明确了数据商品具有与非数据商品不同的特点，就可以有意识地对数据商品合同的履行方式进行调整，畅通数据商品的流通渠道，稳定交易秩序。

4.2　电子签名及其在电子合同中的应用

电子合同经双方确认即具有法律效力，但在一方否认或需要出具给第三方等情况下，未经电子签名等技术予以核证的电子合同，其真实性不易确定，法律效力难以确认。因此，将电子签名应用到电子合同中以保证电子合同的真实性很有必要，因为电子签名的法律效力决定了电子合同的法律效力。

4.2.1　电子签名与可靠电子签名

1. 电子签名的概念

《电子签名示范法》给出了电子签名的概念：电子签名（Electronic Signature）指在数据电文中，以电子形式所含、所附或在逻辑上与数据电文有联系的数据，它可用于鉴别与数据电文相关的签字人和表明签字人认可数据电文所含信息。

《电子签名法》第二条规定：本法所称电子签名，是指数据电文中以电子形式所含、

电子商务法对电子合同的认可

所附用于识别签名人身份并表明签名人认可其中内容的数据。

2. 签名的功能

以纸张为基础的传统签名主要具有下述功能。

（1）确定一个人的身份。

（2）肯定是该人自己的签名。

（3）使该人与文件内容发生关系。

除此之外，视所签文件的性质，签名还有其他多种功能。例如，签名可以证明签名人愿意受所签合同的约束；证明签名人认可其为某一案文的作者；证明签名人同意一份经由他人写出的文件的内容；证明签名人曾在某个地点的事实和时间。

3. 可靠电子签名

《电子签名法》第十三条规定，电子签名同时符合下列条件的，视为可靠的电子签名。

（1）电子签名制作数据用于电子签名时，属于电子签名人专有。

（2）签署时电子签名制作数据仅由电子签名人控制。

（3）签署后对电子签名的任何改动能够被发现。

（4）签署后对数据电文内容和形式的任何改动能够被发现。

该条文提出了认定可靠电子签名的 4 个基本条件，且 4 个条件需要同时满足。

第 1 款和第 2 款是归属推定。如果可以证明在电子签名过程中使用的，将电子签名与电子签名人可靠地联系起来的字符、编码等数据是由使用它的人或代表使用它的人专有或控制，即可满足可靠的电子签名的归属条件。

第 3 款和第 4 款是完整性推定。如果可以证明在电子签名签署后任何改动都可以被发现或数据电文内容和形式的任何改动都可以被发现，即可满足可靠的电子签名的完整性条件。

电子签名包括多种形式，如数字签名、人脸识别、指纹识别等。典型的电子签名是数字签名，这是最常用的、最经济的，也是最方便的一种电子签名。

鉴于电子签名技术的迅速发展，《电子签名法》没有限定可靠的电子签名的具体技术，为各种电子签名技术的发展铺平了道路。此外，当事人也可以根据自己的判断，选择使用自己认为符合约定的可靠条件的电子签名。这样的签名同样具有法律效力。

4.2.2　电子签名的适用前提与范围

鉴于电子签名的推广需要经历一个过程，《电子签名法》没有规定在民事活动中的合同或者其他文件、单证等文书中必须使用电子签名，而是规定当事人可以约定使用或者不使用电子签名、数据电文。但明确规定当约定使用电子签名、数据电文的文书后，当事人不得仅因为其采用电子签名、数据电文的形式而否定其法律效力。

《电子签名法》设定的适用范围有一定的前瞻性和包容性，即主要适用于商务活动，但又不限于商务活动，原则上涵盖使用电子签名的所有实际场合。

借鉴一些国家的做法，《电子签名法》使用排除法确定了电子签名的适用范围，规定电子签名不适用一些特定范围内的文书。

（1）涉及婚姻、收养、继承等人身关系的。

（2）涉及停止供水、供热、供气等公用事业服务的。

（3）法律、行政法规规定的不适用电子文书的其他情形。

在我国，婚姻、收养、继承在人们生活中发生频率较低，而停水、停热、停气等公用事业服务需要更明确的通知，所以，《电子签名法》对这些情形做出了限制。鉴于电子签名应用范围的扩大，《电子签名法》第二次修正扩大了电子签名的应用范围，删除了原有不适用于"涉及土地、房屋等不动产权益转让的"文书的限制。

4.2.3　电子合同的可靠电子签名的法律效力

《联合国国际合同使用电子通信公约》（简称《电子通信公约》）第八条规定，对于一项通信或一项合同，不得仅以其为电子通信形式为由而否定其效力或可执行性。

《电子签名法》第三条规定，当事人约定使用电子签名、数据电文的文书，不得仅因为其采用电子签名、数据电文的形式而否定其法律效力。第十四条同时规定，可靠的电子签名与手写签名或者盖章具有同等的法律效力。这是《电子签名法》的核心，确立了可靠的电子签名的法律效力。当一个电子签名被认定是可靠的电子签名时，该电子签名就与手写签名或者盖章具有了同等的法律效力。

在电子合同中使用可靠电子签名，意味着在互联网上可以确定电子合同签署各方的身份和意思表达，也确认了使用可靠电子签名形成的电子合同（数据电文的文书）与采用手写签名或者盖章形成的纸质合同具有同等法律效力。

4.2.4　使用自动信息系统订立的合同的法律效力

《电子商务法》第四十八条规定，电子商务当事人使用自动信息系统订立或者履行合同的行为对使用该系统的当事人具有法律效力。

本款承认了由自动信息系统代表当事人做出要约或承诺的意思表示，明确了系统自动完成的电子合同的法律效力。换句话说，目前电子商务经营者普遍采用的由电子商务平台自动生成订单，消费者点击确认即代表签署合同的操作模式得到了法律认可。

《电子商务法》第四十八条还规定，在电子商务中推定当事人具有相应的民事行为能力。但是，有相反证据足以推翻的除外。

这样的立法实际上充分考虑到了互联网经济对效率的看重，大大降低了交易成本，使得不见面的双方所缔结的电子合同也可以获得充分的法律保障。

由自动信息系统订立的合同属于格式合同。提供自动信息系统订立合同的电子商务经营者应当采取法律法规规定的方式或其他合理方式提请当事人注意格式条款，并对格式条款进行说明。

4.3　电子合同的订立及相关事宜

4.3.1　电子合同的订立方法

电子合同可以通过在线交易系统、第三方电子合同签约平台、电子邮件、网络即时通信等方式订立。

电子商务经营者在网上发布的商品或服务信息符合要约条件的，用户选择该商品或服务并提交订单后，合同成立。当事人另有约定的，从其约定。

对于较大金额的电子商务交易，电子商务经营者应当提示当事人使用电子签名或者其他可靠手段确保电子合同数据不被篡改。

当事人在订立合同过程中知悉的商业秘密或者其他应当保密的信息，无论合同是否成立，不得泄露或者不正当地使用；泄露、不正当地使用该商业秘密或者信息，造成对方损失的，应当承担赔偿责任。(《民法典》第五百零一条)。

4.3.2　数据电文的发出与收到

《联合国国际合同使用电子通信公约》第十条规定。

（1）电子通信的发出时间是其离开发件人或代表发件人发送电子通信的当事人控制范围之内的信息系统的时间。

（2）电子通信的收到时间是其能够由收件人在该收件人指定的电子地址检索的时间。当电子通信抵达收件人的电子地址时，即应推定收件人能够检索该电子通信。

（3）电子通信将发件人设有营业地的地点视为其发出地点，将收件人设有营业地的地点视为其收到地点。

（4）即使支持电子地址的信息系统的所在地可能不同于根据本条第（3）款而认定的电子通信的收到地点，本条第（2）款依然适用。

4.3.3　电子合同的生效

《民法典》第一百三十七条明确：以对话方式作出的意思表示[①]，相对人知道其内容时生效。以非对话方式作出的意思表示，到达相对人时生效。以非对话方式作出的采用数据电文形式的意思表示，相对人指定特定系统接收数据电文的，该数据电文进入该特定系统时生效；未指定特定系统的，相对人知道或者应当知道该数据电文进入其系统时生效。当事人对采用数据电文形式的意思表示的生效时间另有约定的，按照其约定。

《民法典》第四百八十二条规定，要约以电话、传真、电子邮件等快速通信方式作出的，承诺期限自要约到达受要约人时开始计算。

---

① 意思表示是民事法律行为的要素，它是指向外部表明意欲发生一定私法上效果的意思的行为。

《民法典》第四百九十一条规定，当事人采用信件、数据电文等形式订立合同要求签订确认书的，签订确认书时合同成立。当事人一方通过互联网等信息网络发布的商品或者服务信息符合要约条件的，对方选择该商品或者服务并提交订单成功时合同成立，但是当事人另有约定的除外。

《民法典》第四百九十二条规定，采用数据电文形式订立合同的，收件人的主营业地为合同成立的地点；没有主营业地的，其住所地为合同成立的地点。当事人另有约定的，按照其约定。

《民法典》第五百零二条规定，依法成立的合同，自成立时生效，但是法律另有规定或者当事人另有约定的除外。

知识拓展

传统商务合同成立有4个基本要素：合同内容、合同载体、合同签名或盖章、合同文本的交换方法。同时，传统商务合同的成立还需要有一个必要条件，即合同内容、合同载体、合同签名或盖章必须结合为一体。实际操作中，经常使用骑缝章或"本页无正文"等方法来保证合同的基本要素不可分割。

在网络环境下，除合同内容外，传统合同的其他3个要素形式都发生了变化。

（1）合同载体：使用数据电文作为电子合同的载体，通过屏幕进行显示。

（2）合同签名或盖章：使用电子签名或电子签章代替传统合同的签名或盖章。电子签名或电子签章也通过 Hash 函数将合同的各个要素连接为一个整体，实现了传统合同成立的必要条件。

（3）合同文本的交换方法：使用电子通信交换电子合同。

4.3.4 格式电子合同

当我们在购物平台注册账号时，平台一般都会要求我们填写有关信息并阅读服务协议，我们点击"同意"后才可以进行相关活动。这种必须点击"同意"的合同称为"点击合同"。

点击合同指由商品或服务的提供人通过计算机程序预先设定合同条款的一部分或全部内容，以明确其与相对人之间的法律关系，相对人必须点击"同意"后才能订立的合同。

点击合同属于格式合同。用户自注册或者接受服务之时起，应受合同约束。格式合同生效后，合同的设立人变更合同内容的，应当提前七日在网站公示并通知用户。用户拒绝合同内容实质性变更的，合同关系解除。

《联合国国际合同使用电子通信公约》第十二条规定，通过自动电文系统与自然人之间的交互动作或者通过若干自动电文系统之间的交互动作订立的合同，不得仅仅因为无自然人复查或干预这些系统进行的每一动作或由此产生的合同而被否定效力或可执行性。在电子商务的实际运作中，通过电子缔约系统自动生成并确定的电子合同，电子缔约系统的设立人，包括设立人的代理人或被授权人，就是合同的当事人。

《民法典》第四百九十七条明确，提供格式条款一方不合理地免除或者减轻其责任、加重对方责任、限制对方主要权利，或提供格式条款一方排除对方主要权利，该格式条款无效。《电子商务法》第四十九条也规定，电子商务经营者不得以格式条款等方式约定消费者支付价款后合同不成立；格式条款等含有该内容的，其内容无效。

某些电子商务网站的用户合同格式条款规定，用户只有在收到发货通知或者实际已经发货的情况下，买卖合同才成立。《电子商务法》对此持明确的否定态度：电子商务经营者发布的商品或服务信息符合要约条件的，用户选择该商品或者服务并提交订单成功，合同成立。当事人另有约定的，从其约定。电子商务经营者不能提供相应的商品或服务是一种违反合同约定的行为。

4.3.5　电子错误及其救济

所谓电子错误，是指在线交易过程中，交易双方使用信息处理系统时产生的错误。从广义上说，电子错误既包括传统合同错误的电子化表现形式，也包括当事人利用电子系统的人为错误。狭义的电子错误仅指计算机信息处理系统产生的错误，如商户规定的买卖有效期已过，自动交易系统仍然与消费者缔约。

《联合国国际合同使用电子通信公约》第十四条规定，一自然人在与另一方当事人的自动电文系统往来的电子通信中发生输入错误，而该自动电文系统未给该人提供更正错误的机会，在下列情况下，该人或其所代表的当事人有权撤回电子通信中发生输入错误的部分。

（1）该自然人或其所代表的当事人在发现错误后尽可能立即将该错误通知另一方当事人，并指出其在电子通信中发生了错误。

（2）该自然人或其所代表的当事人既没有使用可能从另一方当事人收到的任何货物或服务所产生的任何重大利益或价值，也没有从中受益。

从我国电子商务运行的情况看，已有多起电子错误事件影响到电子商务企业的运营。例如，2017 年 9 月 11 日，苏宁易购平台发生商品标错价问题，将 65 英寸（1 英寸 ≈ 2.54 厘米）电视误标价为 600 元，而实际价格大概为 4 000 元。苏宁易购不得不发起商品紧急截单。

发现电子交易中出现错误，当事人应当立即将该错误通知相对方，请求撤销发生错误的部分，相对方应当及时协助撤销。依据交易性质无法撤销的，不得撤销。

电子通信撤回权是对发生错误的当事人提供保护的一种特殊救济，有特定的行使条件，而不是提供机会使当事人不接受对其不利的交易或否认原本自愿接受的有效承诺。

对于当事人利用电子系统的人为错误，《电子商务法》第五十条规定，电子商务经营者应当保证用户在提交订单前可以更正输入错误。这里，应当有一个二次确认的提醒，保证用户再次审查和修改可能发生的错误。

4.4 电子合同查询

除口头交易外，使用传统手段谈判而成的多数合同均会形成某种有形的交易记录，双方当事人在有疑问或发生纠纷时可以调取以作为裁判的参考。

设立电子合同订立系统的电子商务经营者或第三方存储服务商应为缔约人随时查阅自己签订的合同的信息提供服务，并有义务为合同缔约各方提供书面证明。

电子合同订约系统采用了电子签名方式的，合同缔约人通过在线方式查询电子合同，应使用电子签名制作数据；通过离线方式查询电子合同，应持身份证明文件。《电子签名法》第二十四条规定："电子认证服务提供者应当妥善保存与认证相关的信息，信息保存期限至少为电子签名认证证书失效后五年。"

在一般电子商务交易中使用格式电子合同的，电子商务交易平台应为合同缔约人提供有关交易记录。《网络交易监督管理办法》第三十一条规定："对商品或者服务信息，支付记录、物流快递、退换货以及售后等交易信息的保存时间自交易完成之日起不少于三年。法律、行政法规另有规定的，依照其规定。"

4.5 电子合同的保密与安全

电子合同的保密与安全是关系到电子商务交易的根本性问题。

《电子签名法》第十五条规定，电子签名人应当妥善保管电子签名制作数据。

《电子合同订立流程规范》（GB/T 36298—2018）第 4 条要求，未经合同缔约人书面许可，电子合同服务平台运营商不应使信息泄露给非授权的个人、实体或进程，不为其所用，法律法规另有规定的除外。电子合同的订立，应确保订立的电子合同数据完整性。

《网络安全法》第七十六条的规定，网络安全，是指通过采取必要措施，防范对网络的攻击、侵入、干扰、破坏和非法使用以及意外事故，使网络处于稳定可靠运行的状态，以及保障网络数据的完整性、保密性、可用性的能力。

《电子合同在线订立流程规范》（SB/T 11009—2013）第 4.3 条规定，电子合同订立系统设立人和电子合同第三方存储服务商应当严格执行国家计算机网络系统安全规定，保证系统的安全运行。

因此，电子商务交易使用的电子合同应当遵守国家的保密规定，建立完善的保密制度。电子签名人应当妥善保管电子签名制作数据。提供电子合同订约服务的第三方电子合同签署平台应当遵守国家计算机网络系统安全规定，保证系统的安全运行。

课后练习

一、选择题

1.（单选）在《电子签名法》第二次修正稿使用排除法确定了电子签名不适用的范围，下述（　　）表述是错误的。

  A. 涉及婚姻、收养、继承等人身关系的。

  B. 涉及停止供水、供热、供气等公用事业服务的。

  C. 涉及土地、房屋等不动产权益转让的。

  D. 法律、行政法规规定的不适用电子文书的其他情形。

2.（多选）电子合同可以通过（　　）等方式订立。

  A. 在线交易系统   B. 第三方电子合同签约平台

  C. 电子邮件   D. 网络即时通信

二、填空题

1. 数据商品具有如下特点：_____、_____、_____。

2. 电子签名包括多种形式，如_____、_____、_____等。

三、简答论述题

1. 简述电子合同的概念。

2. 试述可靠电子签名的基本条件。

3. 简述电子合同的订立方法。

4. 简述点击合同与格式合同的关系。

5. 简述电子错误的救济措施。

四、案例分析题

结合本章引导案例，为了使电子合同能够在电子商务中更好地应用，需要注意哪几个方面的问题？

第5章
电子支付法律制度

电子支付是电子商务交易的核心环节，也是电子商务得以进行的基础条件。为了保证电子支付的正常运行和健康发展，必须制定相应的法律和法规，对电子支付进行全面规制。本章主要涉及电子银行的运行、电子资金划拨、第三方支付的法律规范等方面的问题。

学习目标

1. 了解电子支付中的基本法律关系。
2. 掌握电子支付流程中的权利和义务。
3. 了解电子银行的监管内容。
4. 了解电子资金划拨的指令人和接受银行的权利与义务。
5. 了解电子货币的主要法律问题。
6. 掌握第三方支付监管的基本思路。

引导案例：互联网环境下的新型洗钱手段

根据最高人民检察院披露的数据，2023年1月至9月，全国检察机关共起诉洗钱罪1 718人，同比2022年上升14.8%。检察机关办案发现，犯罪分子洗钱手段多样，除购房、购买黄金等贵金属、投资证券基金、跨境转移资金等传统手段外，租用他人银行账户、网络支付账户转移犯罪所得及其收益也成为常见洗钱手段。

近年来，随着网络支付、区块链等现代信息技术的应用，各类新型洗钱手段不断出现。有的搭建"跑分平台"汇聚大量个人账户用于收取、转移犯罪资金；有的利用虚拟币交易开展跨境洗钱；有的通过直播平台打赏后，再以向主播"借款"等方式洗白资金。这些新型洗钱手段通过海量资金账户，快速多层转移资金，技术性、隐蔽性增强，给检察机关发现查处犯罪带来更大挑战。

例如，在上海市浦东新区检察院办理的一起洗钱案中，4名直播平台主播接受涉嫌集资诈骗犯罪嫌疑人的打赏后，将部分资金回流给犯罪嫌疑人指定的账户，涉案资金达 4 700 万余元。

在浙江省杭州市西湖区检察院办理的一起非法经营案中，犯罪人员开发、搭建、维护"跑分平台"，纠集"跑分客"提供银行卡账户及微信、支付宝账户，共有 10 万余个"跑分客"提供 37 万余个银行卡账户及微信、支付宝账户，用于转移非法所得，进行收款转账，为境外赌博网站提供支付结算服务，金额达 31.9 亿余元。

5.1　电子支付概述

5.1.1　电子支付的概念

中国人民银行《电子支付指引（第一号）》给出了电子支付的定义：电子支付是指单位、个人直接或授权他人通过电子终端发出支付指令，实现货币支付与资金转移的行为。

电子支付的概念

从广义角度看，电子支付是指支付当事人通过电子设备授权银行或其他支付机构（非金融支付机构），对其支付账户进行资金划拨的行为；从狭义来讲，在电子商务活动中，电子支付是指付款人通过电子设备授权银行或者其他支付机构，将其支付账户的资金划拨给收款人，以履行价款交付义务的行为。

一般来讲，电子支付业务应同时具备 4 个基本特征。

（1）为收付款客户提供资金转移服务的主体是支付机构。

（2）客户发起支付指令所借助的是计算机、移动终端等电子设备。

（3）支付指令依托公共网络信息系统远程发起，即客户的电子设备经由公共网络信息系统与相关后台系统进行交互并传递支付指令。

（4）支付指令发起过程中，付款客户的电子设备不与"收款客户特定专属设备"进行直接交互。

5.1.2　电子支付的分类与流程

1. 电子支付的基本分类

电子支付可以分为 5 种类型，包括网络银行支付、非金融机构支付、移动支付、虚拟货币支付（内部循环）和其他形式（见图 5-1）。

2. 电子支付的一般流程

我们可以将电子支付的一般流程归结为以下 5 个步骤（见图 5-2）。

（1）付款方 A 向付款方银行 C 发起支付指令。

（2）付款方 A 和收款方 B 之间进行支付信息的核验。

（3）信息核验成功后，付款方银行 C 向收款方银行 D 进行资金划拨。

（4）收款方银行 D 收到资金后，向收款方 B 发送收款通知。

（5）收款方银行 D 收到资金后，向付款方 A 发送收款通知。

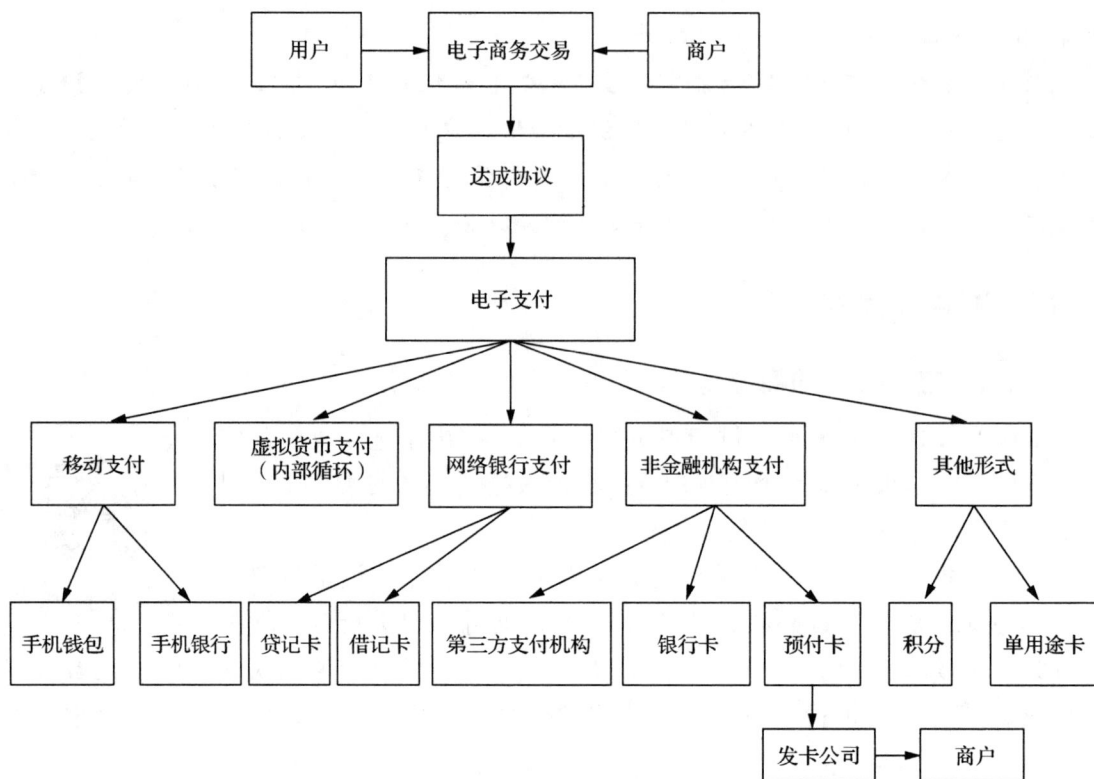

图 5-1　电子支付分类

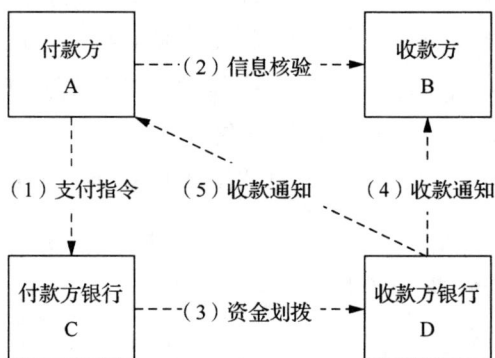

图 5-2　电子支付的一般流程

需要注意如下几点。

（1）付款方和收款方可以是具有民事行为的自然人、企业法人或事业法人。

（2）无论采取何种支付方式，最后资金结算的机构都是银行。

（3）非银行金融机构服务的对象是付款方和收款方，以及对应的结算银行。

3．网络银行支付流程

网络银行是传统银行转型后的一种新形态。图 5-3 反映了网络银行（含支付网关代理）的支付流程。

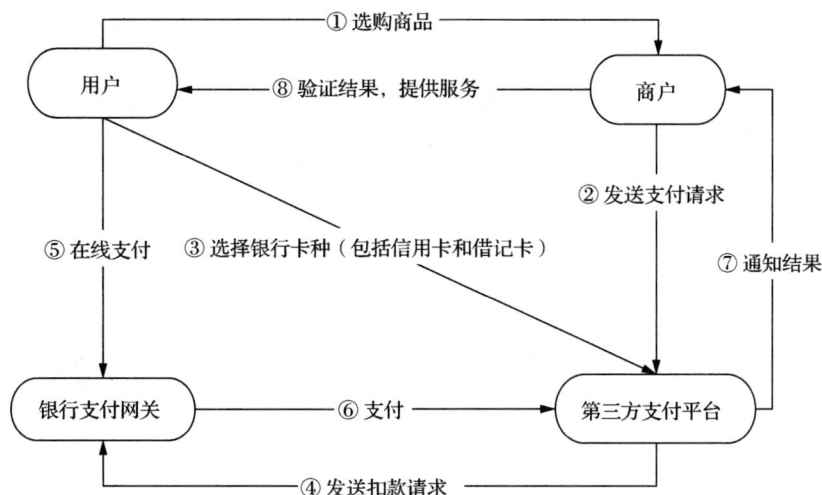

图 5-3　网络银行（含支付网关代理）的支付流程

4. 非金融机构支付流程

非金融机构支付（又称第三方支付）的特点是绑定银行账户，其支付流程如图 5-4 所示。从图 5-4 中可以看出，用户、商户、第三方支付机构、网上银行是非金融机构支付中的 4 个主要参与者。从规制对象的角度看，主要应对这 4 个主体进行规制。非金融机构支付流程主要包括支付账户开户、指令执行、支付完成 3 个阶段。

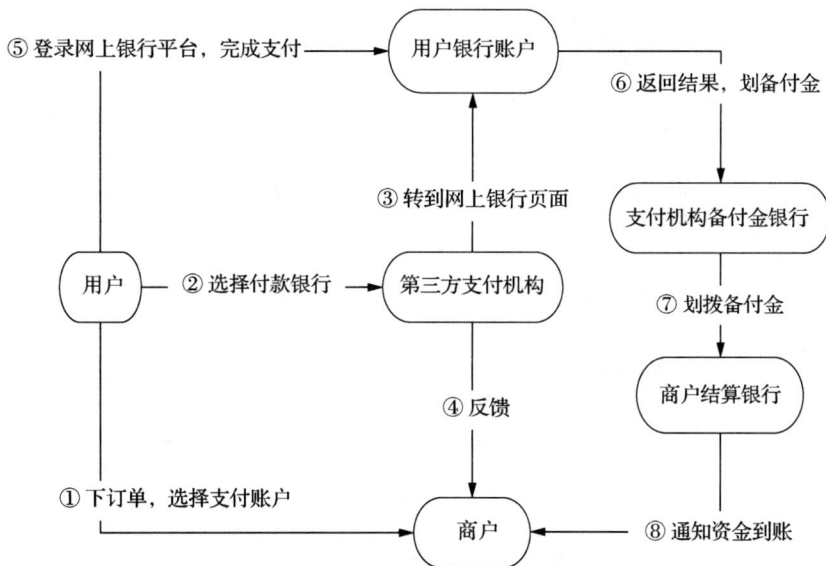

图 5-4　非金融机构支付流程

5. 移动支付流程

移动支付是近年来发展特别迅速的一种电子支付方式。图 5-5 反映了移动支付的全流程。

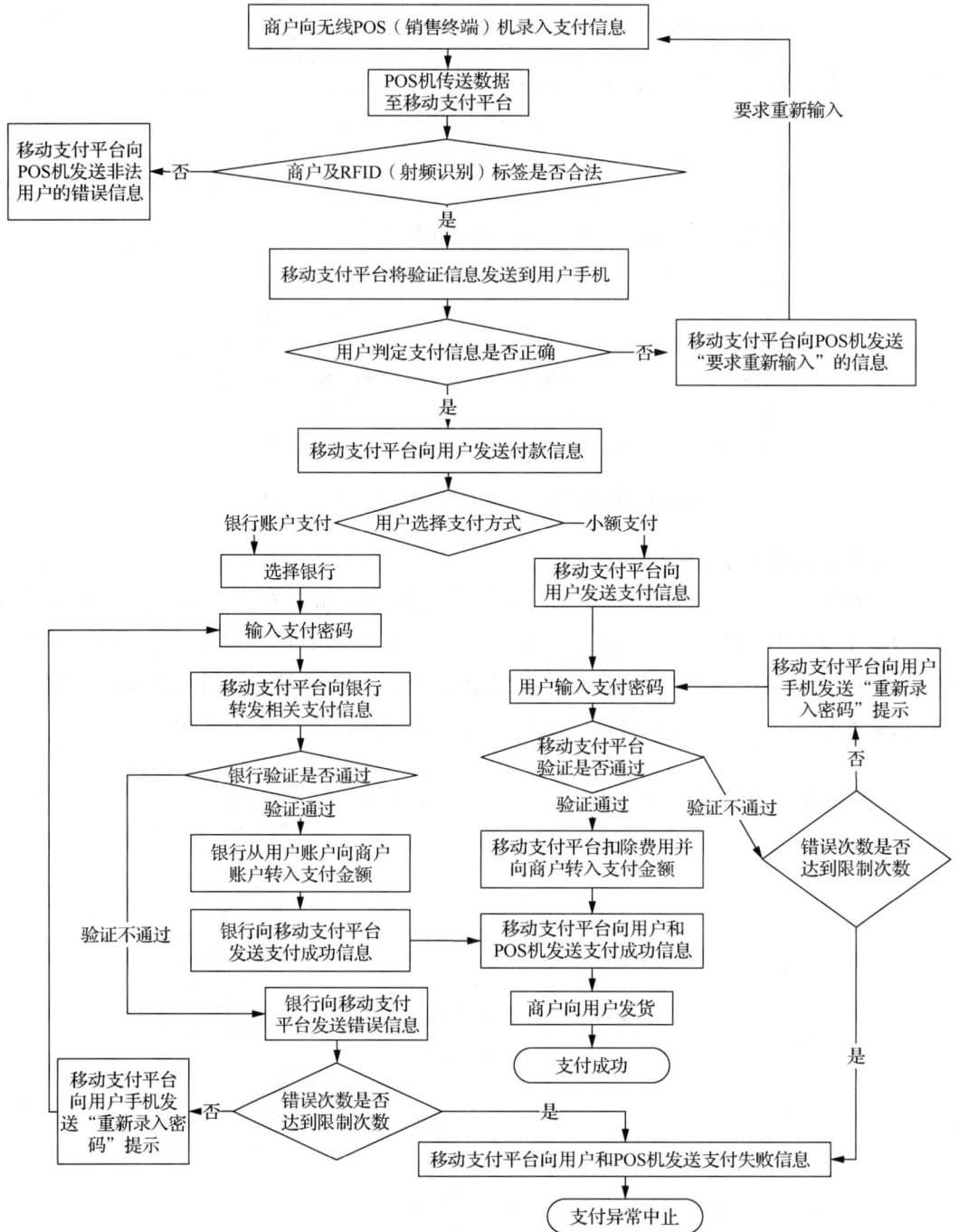

图 5-5　移动支付全流程

6. 银行卡支付流程

银行卡支付的参与者包括付款人、收款人、发卡行和收单行等，其支付流程如图 5-6 所示。

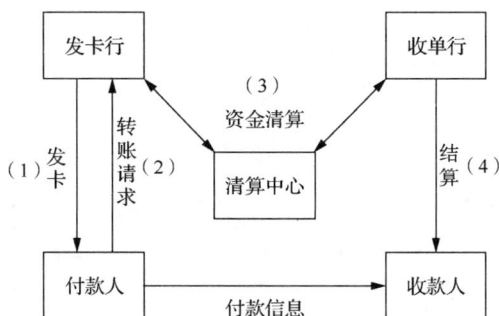

图 5-6 银行卡支付流程

图 5-6 中各数字序号含义如下。

（1）付款人向发卡行申请发卡。

（2）付款人登录发卡行，并发出转账请求。

（3）发卡行接收到转账请求之后，通过清算网络与收单行进行资金清算。

（4）收款人与收单行结算。

7. 电子现金支付流程

电子现金（E-cash）是以数字信息形式存在的，存储于电子现金发行者的服务器和用户计算机终端上。在电子商务交易中，电子现金主要用于小额零星的支付业务。不同类型的电子现金都有自己的协议，每个协议由后端服务器软件（电子现金支付系统）和客户端软件（电子现金软件）执行。图 5-7 是中国银行的电子现金支付流程。

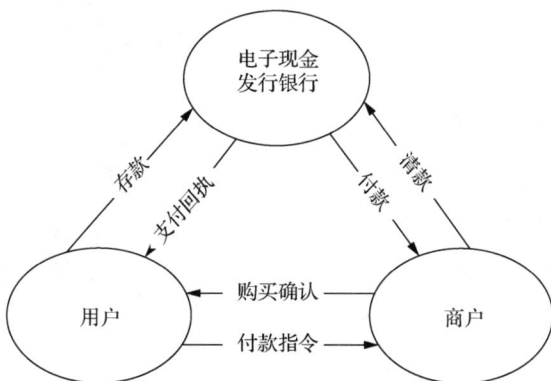

图 5-7 中国银行的电子现金支付流程

图 5-8 显示了有第三方参与的电子现金支付流程。目前广泛使用的云闪付、Apple Pay 等都属于这一类。

8. 电子支票支付流程

电子支票是一种借鉴纸质支票转移支付的优点，利用数字化支付指令将钱款从一个账户转移到另一个账户的电子支付形式。电子支票支付处理费用较低，而且银行也能为参与电子商务交易的客户提供标准化的资金信息，故而成为目前效率较高的支付手段。

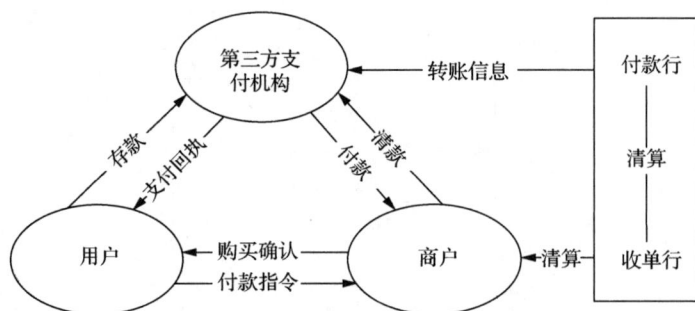

图 5-8　有第三方参与的电子现金支付流程

根据支票处理的类型，电子支票可以分为两类：一类是电子借记支票（Electronic Debit Check），其支付流程是债权人向银行发出支付指令，以向债务人收款；另一类是电子贷记支票（Electronic Credit Check），其支付流程是债务人向银行发出支付指令，以向债权人付款。

电子借记支票的流转程序可分为以下几个步骤（见图 5-9）。

（1）出票人和持票人达成购销协议并选择用电子支票支付。

（2）出票人通过网络向持票人发出电子支票。

（3）持票人将电子支票寄送持票人开户银行索付。

（4）持票人开户银行通过票据清算中心将电子支票寄送出票人开户银行。

（5）出票人开户银行通过票据清算中心将资金划转至持票人开户银行。

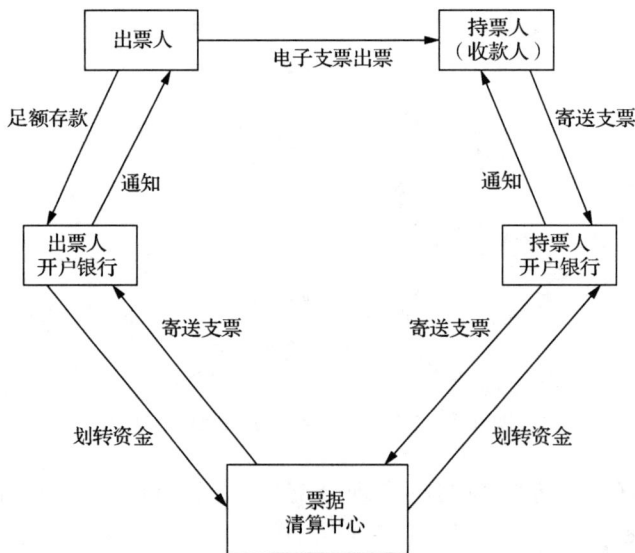

图 5-9　电子借记支票的流转程序

电子贷记支票的流转程序与电子借记支票基本相同，主要区别是出票人和收款人不直接联系，其主要步骤如图 5-10 所示。

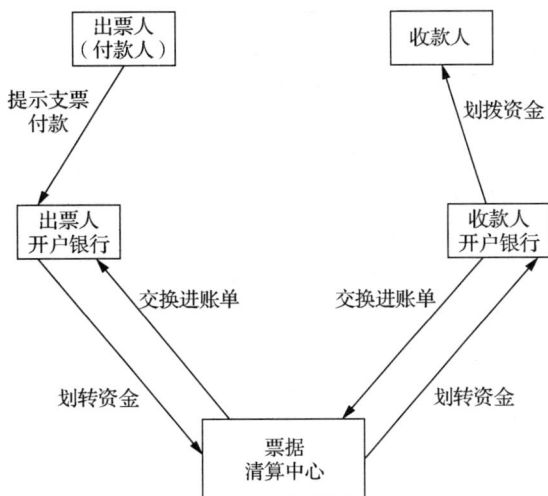

图 5-10　电子贷记支票的流转程序

（1）出票人向出票人开户银行提示支票付款。

（2）出票人开户银行通过票据清算中心与收款人开户银行交换进账单并划转资金。

（3）收款人开户银行向收款人划转资金。

9. 电子资金划拨流程

根据发起人的不同，电子资金划拨可以分为贷记划拨和借记划拨。贷记划拨（Credit Transfer）是由债务人发起的划拨，即债务人（支付人）向其开户银行发出支付命令，将其存放于该银行账户的资金通过网络与电信线路划入债权人（收款人）开户银行的一系列转移过程。借记划拨（Debit Transfer）是由债权人发起的划拨，即债权人（收款人）命令开户银行将债务人（支付人）的资金划拨到自己的账户中。

电子资金划拨系统分为小额电子资金划拨系统和大额电子资金划拨系统。前者的服务对象主要是消费者个人，其特点是交易发生频繁、交易金额小且多样化；后者的服务对象包括货币、黄金、外汇、商品市场的经纪商与交易商，在金融市场从事交易活动的商业银行以及从事国际贸易的工商企业，其特点是金额巨大，对支付的时间性、准确性与安全性有特殊要求。大额电子资金划拨系统的业务处理流程见图 5-11。

在图 5-11 中，工行北京分行通过大额电子资金划拨系统向农行上海分行支付一笔金额为 100 万元的大额汇款，具体步骤如下。

（1）工行北京分行将大额支付指令实时发送至支付系统北京城市处理中心。

（2）支付系统北京城市处理中心将大额支付指令实时转发至人民银行清算总中心。

（3）人民银行清算总中心实时全额完成资金清算后将大额支付指令转发至支付系统上海城市处理中心。

（4）支付系统上海城市处理中心将大额支付指令实时转发至农行上海分行，完成资金汇划。

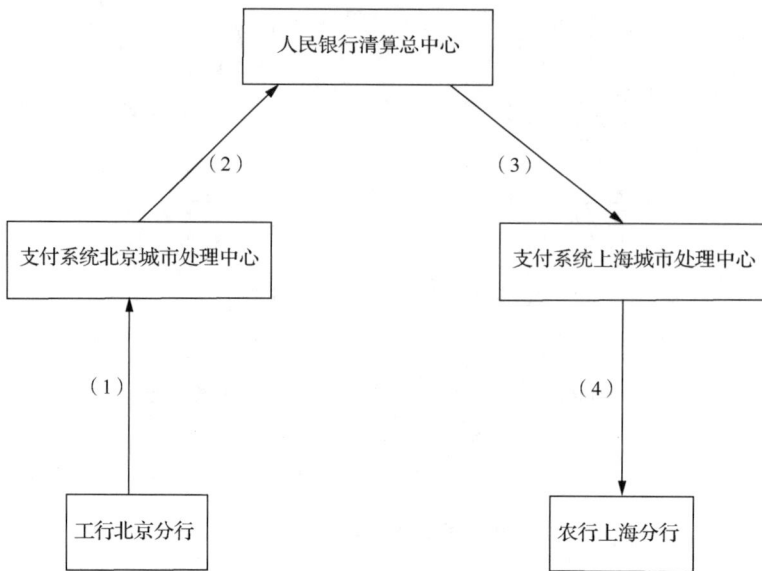

图 5-11　大额电子资金划拨系统的业务处理流程

5.2　电子支付中的基本法律关系

5.2.1　电子支付主体

电子支付当事人为付款人和收款人，而付款人和收款人完成电子支付还必须有两个重要的第三人，即银行和认证机构。因此，广义上，电子支付涉及的参与方有以下4个。

（1）付款人，即电子支付中的付款人，通常为用户，其与商户、银行间存在两个相互独立的合同关系：一是其与商户订立的买卖合同关系；二是其与银行间的金融服务合同关系。

（2）收款人，即接收付款的人，通常为商户。收款人同样也存在两个相互独立的合同关系：一是其与用户的买卖合同关系；二是其与银行的金融服务合同关系。

（3）银行，即电子支付中的信用中介、支付中介和结算中介，其支付的依据是银行与电子交易客户所订立的金融服务协议。在电子支付系统中，银行同时扮演发送者和接收者的角色。

（4）电子认证服务机构。电子认证服务机构为参与电子支付各方提供证书服务，建立彼此间的信任机制，使交易及电子支付各方能够确认对方的身份以及交易数据是否被篡改。

所以，电子支付主体涉及的法律关系主要包括两个。第一，电子支付机构开展支付活动需取得相应的行政许可，在电子支付机构与行政监管机构之间形成行政法律关系。电子支付机构在业务规则、用户数据及权益、反洗钱等方面须履行法定义务，服从监管机构的管理监督。第二，电子支付机构与服务对象之间形成民事法律关系。在用户使用电子支付机构的服务时，双方是平等的民事主体，用户需要遵守电子支付机构的业务规则，电子支付机构需要履行相应的服务义务。

5.2.2　电子支付行为

1. 无第三方支付机构参与的电子支付

无第三方支付机构参与的电子支付（如付款人通过网络银行直接付款）主要涉及以下法律关系。

（1）银行与客户的法律关系，包括委托合同关系、存款合同关系。

（2）银行之间的法律关系，主要是资金划转的法律关系。

（3）银行与网络服务商或通信服务商的法律关系，主要是服务合同关系。

（4）客户之间的法律关系，这是交易的基础法律关系。

（5）电子认证机构与银行的法律关系，这是身份验证的服务关系。

2. 第三方支付机构参与的电子支付

（1）第三方支付机构作为支付网关的电子支付（不涉及虚拟账户）主要涉及两个方面的法律关系：一是第三方支付机构与客户的法律关系；二是第三方支付机构与银行的法律关系。

（2）第三方支付机构作为中介的电子支付（通过虚拟账户划转）主要涉及的法律关系包括第三方支付机构与客户之间的委托+保管关系、非存款关系、小额支付关系等。

5.3　与电子支付相关的法律规范

5.3.1　国外有关电子支付的立法

1. 美国有关电子支付的立法

美国 1978 年颁布的《电子资金划拨法》，适用于联储电划系统与用户电子资金划拨，成为世界上最早出台的有关电子支付的专项立法。该法仅适用于美国国内，且只适用于客户是自然人的小额电子资金划拨，不适用于商人客户通过银行办理的大额电子资金划拨与跨国电子资金划拨。美国法律界为填补这一空白，在《统一商法典》（*Uniform Commercial Code*）第四编银行存款和收款中另行增设部分专门适用于

国际上通行的两种
电子支付安全协议

这类电子资金划拨的新条款，供各州立法采用。《统一商法典》已成为美国规范大额电子资金划拨的重要的法律，并对联合国国际贸易法委员会起草《国际贷记划拨示范法》产生了重大影响。

2. 英国有关电子支付的立法

英格兰银行在英国国内是采用《票据交换所自动收付系统清算规则》（简称《CHAPS 清算规则》）办理票据交换所自动收付系统（Clearing House of Automated Payment System，CHAPS）会员银行间的电子资金划拨。除《CHAPS 清算规则》外，还有由英国银行家协会（British Bankers Association，BBA）等共同公布的《银行业惯例守则》。这个守则并不是法律，但因为主要银行和建筑社团都同意受其约束，其实际

上具有了法律效力。该守则只适用于个人客户，而不适用于公司、合伙企业等。

3. 国际组织有关电子支付的立法

随着跨境电子资金划拨的日益普遍，联合国国际贸易法委员会颁布了《国际贷记划拨示范法》（1992年）。该示范法适用于不同国家或地区银行之间的贷记划拨以及从事执行支付命令的其他实体。针对跨境支付服务，该示范法对其使用范围、支付相关方的义务、贷记未完成、错误划拨和延迟划拨的法律结果及安全风险的责任划分等方面进行了较为全面的规定。

世界贸易组织（World Trade Organization，WTO）1995年颁布《服务贸易总协定》（The General Agreement on Trade In Services，GATS），其金融服务附件具体规定了与"电子支付服务"相关的内容，如5（H）"所有支付和货币交割服务"、5（N）"金融资产的结算和清算服务"等。

《巴塞尔协议》中涉及电子支付的规则主要包括《电子银行风险管理原则》《跨境电子银行活动监管》《重要支付系统核心原则》等，上述规则强调：第一，从事跨境电子银行活动时，银行机构应当进行恰当的风险评估和审慎调查，以建立有效的风险管理机制；第二，银行机构应当在其网页上做充足的信息披露，以允许消费者判断银行的身份、主权国及管理许可证等；第三，在跨境风险监管中强调各监管当局之间的合作，要求各监管者明确各自的作用和责任。

国际标准化组织（International Organization for Standardization，ISO）的银行金融服务业委员会一直在积极推进电子支付的标准制定，2023年主要关注数字货币安全、第三方支付服务、金融服务业公钥基础设施管理、银行卡报文修订等工作。

知识拓展

《巴塞尔协议》是巴塞尔委员会制定的针对全球范围内主要银行资本和风险的监管标准。巴塞尔委员会由十国集团中央银行组成。《巴塞尔协议》于2004年6月颁布，目的是识别风险，建立一个更具前瞻性的资本监管方法。《巴塞尔协议》的三个支柱包括：最低风险资本要求、资本充足率监管和内部评估过程的市场监管。

5.3.2 我国有关电子支付的立法

1. 银行卡业务的有关规定

我国电子支付的立法是从信用卡领域起步的。中国人民银行1997年公布了《中国金融IC卡卡片规范》和《中国金融IC卡应用规范》，1998年又公布了与IC卡规范相配合的《POS设备规范》。这3个标准的制定为国内金融卡跨行跨地区通用、设备共享及与国际接轨提供了强有力的支持，为智能卡的使用提供了安全、兼容方面的保障。随后《全国IC卡应用发展规划》《IC卡管理条例》《IC卡通用技术规范》等相继出台，为各种电子支付系统的规范和兼容提供了契机，使标准金融 IC 卡成为电子支付的先行者。1999 年 1 月，中国人民银行颁布了《银行卡业务管理办法》，规范了银行信用卡、借记卡的发行、使用等问题。

上述规章主要集中在技术标准和应用方面，很难称得上是对电子支付法律关系的直接调整。进入 21 世纪后，我国电子支付进入快速发展时期，涉及电子支付业务的法律制度建设进入实质性阶段。

2.《电子支付指引（第一号）》

为了规范电子支付业务，防范支付风险，维护银行及其客户在电子支付活动中的合法权益，促进电子支付业务健康发展，2005 年 10 月，中国人民银行发布了《电子支付指引（第一号）》（简称《指引》）。《指引》的发布为时机成熟后出台相应的部门规章或法律法规奠定了基础。《指引》的规范主体主要是银行及接受其电子支付服务的客户，主要涉及 5 个方面。

（1）电子支付活动中客户、银行的权利和义务。《指引》明确要求，客户申请电子支付业务，必须与银行签订相关协议。银行有权要求客户提供其身份证明资料，有义务向客户披露有关电子支付业务的初始信息并妥善保管客户资料。客户应按照其与发起行的协议规定，发起电子支付指令；发起行应建立必要的安全程序，对客户身份和电子支付指令进行确认；发行行与接收行之间应按照协议规定及时发送、接收和执行电子支付指令，并回复确认。

（2）信息披露制度。为维护客户权益，《指引》要求办理电子支付的银行必须公开、充分披露其电子支付业务活动中的基本信息，尤其强调对电子支付业务风险的披露，并明示特定电子支付交易品种可能存在的全部风险；建立电子支付业务运作重大事项报告制度；提醒客户妥善保管、妥善使用、妥善授权他人使用电子支付交易存取工具。

（3）电子支付安全制度。《指引》要求银行采用符合有关规定的信息安全标准、技术标准、业务标准；建立针对电子支付业务的管理制度，采取适当的内部制约机制；保证电子支付业务处理系统的安全性，以及数据信息资料的完整性、可靠性、安全性、不可否认性。《指引》对应用电子签名、签署书面协议、交易限额、日志记录、指令确认、信息披露和及时通知都做出了一系列的要求。这些都是围绕防止欺诈设计的。《指引》还针对不同客户，在电子支付类型、单笔支付金额和每日累计支付金额等方面做出合理限制。

（4）电子证据的合法性。《指引》以《电子签名法》为法律依据，进一步确认了电子支付中电子证据的法律效力和实际可采性。《指引》规定：电子支付指令与纸质支付凭证可以相互转换，二者具有同等效力。《指引》要求银行认真审核客户申请办理电子支付业务的基本资料，妥善保存客户的申请资料，保存期限至该客户撤销电子支付业务后 5 年，从制度上保证了诉讼期间相关证据的可采纳性。

（5）差错处理。《指引》充分考虑了客户资料被泄露或篡改，非资金所有人盗取他人存取工具发出电子支付指令，客户未按规定操作或由于自身其他原因造成电子支付指令未执行、未适当执行、延迟执行，接收行由于自身系统或内部控制制度等原因对电子支付指令未执行、未适当执行或迟延执行致使客户款项未准确入账，因银行自身系统、内部控制制度或为其提供服务的第三方服务机构的原因造成电子支付指令无法按约定时间传递、传递不完整或被篡改等多种实际情况，明确了处理差错的原则和相应的补救措施。

3.《非银行支付机构网络支付业务管理办法》

为规范非银行支付机构网络支付业务，防范支付风险，保护当事人合法权益，中国人民银行于 2015 年 12 月发布了《非银行支付机构网络支付业务管理办法》（简称《办法》）。《办法》主要包括 6 个方面的内容。

（1）支付机构的定义。支付机构是指依法取得支付业务许可证，获准办理互联网支付、移动电话支付、固定电话支付、数字电视支付等网络支付业务的非银行机构。

（2）网络支付业务的定义。网络支付业务是指收款人或付款人通过计算机、移动终端等电子设备，依托公共网络信息系统远程发起支付指令，且付款人电子设备不与收款人特定专属设备交互，由支付机构为收付款人提供货币资金转移服务的活动。

（3）对支付机构的基本要求。支付机构应基于客户的银行账户或者按照《办法》规定为客户开立支付账户提供网络支付服务；支付账户不得透支，不得出借、出租、出售，不得利用支付账户从事或者协助他人从事非法活动；执行银行卡业务相关监管规定和银行卡行业规范；依法维护当事人合法权益，遵守反洗钱和反恐怖融资相关规定，履行反洗钱和反恐怖融资义务等。

（4）对客户管理的要求。支付机构应当采取有效措施核实并依法留存客户身份基本信息，建立客户唯一识别编码，确保有效核实客户身份及其真实意愿；为客户提供网络支付服务，应当与客户签订服务协议；不得为金融机构，以及从事信贷、融资、理财、担保、货币兑换等金融业务的其他机构开立支付账户。

（5）对业务管理的要求。支付机构不得经营或者变相经营证券、保险、信贷、融资、理财、担保、信托、货币兑换、现金存取等业务；应当在取得客户和银行的协议授权后，向客户的银行账户发起支付指令扣划资金；应当确保交易信息的真实性、完整性、可追溯性以及在支付全流程中的一致性，不得篡改或者隐匿交易信息。

（6）风险管理与客户权益保护。支付机构应当综合客户类型、身份核实方式、交易行为特征、资信状况等因素，建立客户风险评级管理制度和机制，并动态调整客户风险评级及相关风险控制措施；应当向客户充分提示网络支付业务的潜在风险；应当建立健全风险准备金制度和交易赔付制度，并对不能有效证明因客户原因导致的资金损失及时先行全额赔付；应当采取有效措施，确保客户在执行支付指令前可对收付款客户名称和账号、交易金额等交易信息进行确认，并在支付指令完成后及时将结果通知客户。

5.3.3　电子支付流程中的权利义务

根据电子支付流程所涉及的基本法律关系，可以相应地界定在主要环节中各方主体的权利义务。

1. 支付账户开设

（1）电子商务企业或者经营机构应当在银行或者其他支付机构开设支付账户。

（2）银行或者其他支付机构应当事人的申请，为其开设电子支付账户时，应当核验申请人身份以及申请资料的真实性，向申请人公开支付业务规则和支付账户使用规则，告知用户的权利义务和风险事项，并以书面或者电子方式与申请人签订协议。

（3）电子账户申请人必须提交真实的开户信息。因提交虚假信息而产生的损失和后果由申请人承担。

（1）是对从事电子商务的企业或经营机构的要求，也说明这里的电子支付是以电子商务为基础的电子支付。

（2）、（3）条可概括为两个要点：①非经当事人的申请，银行或者其他支付机构不能强制或者主动给他们开设支付账户，这一条在当前具有现实意义；②要确认身份真实，银行或者其他支付机构开户时就应当履行法定的告知义务，这是银行或者其他支付机构账户开设环节中的基本义务。

2. 指令执行

这一环节特别强调了对支付指令的验证，尤其是推动利用新技术、新方法来防范支付风险。

（1）用户授权的电子支付指令是有效指令。支付指令按业务规则发出后，用户不得要求撤回或者撤销指令，但双方另有约定的除外。

（2）电子支付服务提供者应当完善业务规则，在受理电子支付指令时应当对指令信息进行验证。电子支付服务提供者可与用户约定，对较大数额或者特定时段的支付指令进行多因素验证；发现支付指令可疑时，应当在取得用户确认后再进行安全的资金划拨。金额较小的电子支付，电子支付服务提供者可与用户约定便捷的核实方式。

3. 支付完成

电子支付服务提供者完成电子支付后，应当及时准确地向用户提供支付结果信息或者符合约定方式的交易回单。

对电子支付服务提供者设定这个义务有助于用户及时发现支付错误或者非授权交易，有利于风险防范和违法行为追查。

4. 电子错误

电子错误环节需要设定了双方当事人在发生电子错误时的权利义务及处置原则。

（1）电子支付发生差错时，电子支付服务提供者应当立即查找原因并采取措施纠正。因用户原因造成电子支付指令产生错误的，电子支付服务提供者应当及时通知用户改正。

（2）用户发现支付指令错误时，应当及时告知电子支付服务提供者，电子支付服务提供者在查明原因后将处理结果通知用户。电子支付服务提供者在收到用户通知后未及时采取措施导致用户损失的，应当赔偿用户的直接损失。

（3）电子支付服务提供者应当就电子错误发生的原因承担举证责任。

《电子商务法》第五十五条规定，支付指令发生错误的，电子支付服务提供者应当及时查找原因，并采取相关措施予以纠正。造成用户损失的，电子支付服务提供者应当承担赔偿责任，但能够证明支付错误非自身原因造成的除外。

5．非授权交易

非授权交易，指因用户的电子支付工具被盗、丢失等原因而发生的未经用户确认的交易。在非授权交易中，电子支付账户的实际使用人不是用户本人或未得到用户的授权，且用户没有因非授权交易而获得收益。

电子支付安全问题

《电子商务法》第五十七条规定，用户应当妥善保管交易密码、电子签名数据等安全工具。用户发现安全工具遗失、被盗用或者未经授权的支付的，应当及时通知电子支付服务提供者。

未经授权的支付造成的损失，由电子支付服务提供者承担；电子支付服务提供者能够证明未经授权的支付是因用户的过错造成的，不承担责任。

电子支付服务提供者发现支付指令未经授权，或者收到用户支付指令未经授权的通知时，应当立即采取措施防止损失扩大。电子支付服务提供者未及时采取措施导致损失扩大的，对损失扩大部分承担责任。

6．电子认证服务

电子认证服务环节需要设定电子认证服务机构在电子支付法律关系中的基本义务。

（1）为电子支付提供数字证书或者电子签名等技术服务的辅助机构应当按照其业务规则操作，保障认证技术的合法有效。

（2）用户依据认证证书进行交易而遭受损失，认证服务机构不能证明自己无过错的，应当承担相应责任。用户可以向电子支付服务提供者要求赔偿，也可以直接要求认证服务机构赔偿。

7．风险教育

电子支付服务提供者应当制定合理的教育方案，采取多种方式开展支付风险教育活动，帮助用户熟悉金融信息的概念，增强风险意识和提高防控能力，掌握基本金融技能。

《电子商务法》第五十五条要求，用户在发出支付指令前，应当核对支付指令所包含的金额、收款人等完整信息。第五十七条强调，用户应当妥善保管交易密码、电子签名数据等安全工具。用户发现安全工具遗失、被盗用或者未经授权的支付的，应当及时通知电子支付服务提供者。

8．信息保护和保存

《电子商务法》第六十九条规定，国家维护电子商务交易安全，保护电子商务用户信息，鼓励电子商务数据开发应用，保障电子商务数据依法有序自由流动。

（1）电子支付服务提供者和提供支付辅助服务的机构应当妥善保管用户的基本信息、支付账户信息和支付行为信息；按照法律法规的规定和合同的约定使用信息。

（2）电子支付服务提供者应当留存完整的电子支付信息，包括用户账号、商户名称和最终收款人名称、账号、数额、商品等信息，以备核查。《电子商务法》第五十三条规定，电子支付服务提供者应当向用户免费提供对账服务以及最近三年的交易记录。

《电子商务法》第七十九条规定，电子商务经营者违反法律、行政法规有关个人信息保护的规定，或者不履行本法第三十条和有关法律、行政法规规定的网络安全保障义务的，依照《网络安全法》等法律、行政法规的规定处罚。

9．防范金融犯罪

电子支付服务提供者应当针对电子支付中的各类欺诈行为，制定反欺诈预案，采取技术措施和其他必要措施，加强对电子支付账户的管理，消除支付漏洞，防范网络洗钱等金融犯罪行为；加强电子支付服务提供者相互之间以及与电子支付业务监管机构、犯罪侦查机构的合作和信息沟通。

5.4　与电子银行相关的法律规范

5.4.1　电子银行的相关概念及其业务范围

电子银行（Electronic Banking），是指使用电子工具通过互联网向客户提供银行的商品或服务的银行。电子银行业务是指商业银行等银行业金融机构利用面向社会公众开放的通信通道或开放型公众网络，以及银行为特定自助服务设施或客户建立的专用网络，向客户提供的银行服务。

电子银行业务包括利用计算机和互联网开展的银行业务（简称网上银行业务），利用电话等通信设备和电信网络开展的银行业务（简称电话银行业务），利用移动电话和无线网络开展的银行业务（简称手机

电子银行简介

银行业务），以及其他利用电子服务设备和网络，由客户通过自助服务方式完成金融交易的银行业务。

电子银行的商品和服务包括提存款服务、信贷服务、账户管理、理财服务、电子单据支付以及提供电子现金等电子支付工具服务。电子银行的业务系统包括企业银行、个人银行和网上支付 3 个子系统。

电子银行把银行的业务移植到网络环境下，这是银行金融业未来的发展方向。电子银行创造出的电子现金将改变传统的货币流通形式，成为未来支付和资金流转的主

要渠道。

2022 年，全国银行业金融机构共处理电子支付业务 2 789.65 亿笔，金额 3 110.13 万亿元，同比分别增长 1.45% 和 4.50%。其中，网上支付业务 1 021.26 亿笔，同比下降 0.15%，金额 2 527.95 万亿元，同比增长 7.39%；移动支付业务 1 585.07 亿笔，同比增长 4.81%，金额 499.62 万亿元，同比下降 5.19%。

5.4.2　电子银行的监管

电子银行可以是全新设立的网上银行，也可以是利用互联网开展网上金融业务的原有的商业银行。在前一种情形下，电子银行应当具备《中华人民共和国商业银行法》规定的设立商业银行的条件，并经中国人民银行审查批准，由中国人民银行颁发经营许可证，向市场监督管理局办理登记，领取营业执照。在后一种情形下，电子银行的全部操作应当按照《电子银行业务管理办法》的规定进行。

金融机构开办电子银行业务，应当具备下列条件。

（1）金融机构的经营活动正常，建立了较为完善的风险管理体系和内部控制制度。在申请开办电子银行业务的前一年内，金融机构的主要信息管理系统和业务处理系统没有发生过重大事故。

（2）制定了电子银行业务的总体发展战略、发展规划和电子银行安全策略，建立了电子银行业务风险管理的组织体系和制度体系。

（3）按照电子银行业务发展规划和安全策略，建立了电子银行业务运营的基础设施和系统，并对相关设施和系统进行了必要的安全检测和业务测试。

（4）对电子银行业务风险管理情况和业务运营设施与系统等，进行了符合监管要求的安全评估。

（5）建立了明确的电子银行业务管理部门，配备了合格的管理人员和技术人员。

（6）中国银行业监管机构要求的其他条件。

金融机构开办以互联网为媒介的网上银行业务、手机银行业务等电子银行业务，包括网上银行、手机银行和利用掌上计算机等个人数据辅助设备开办的电子银行业务，适用审批制；其电子银行基础设施设备应能保障电子银行的正常运行，具备必要的业务处理能力，能够满足客户业务处理的需要；建立了有效的外部攻击侦测机制。

利用境内或地区性电信网络、有线网络等开办的电子银行业务，适用报告制；利用银行为特定自助服务设施或与客户建立的专用网络开办的电子银行业务，法律法规和行政规章另有规定的遵照其规定，没有规定的适用报告制。

对电子银行服务器的监管尤为重要。中资银行业金融机构的电子银行业务运营系统和业务处理服务器应设置在中华人民共和国境内；外资金融机构的电子银行业务运营系统和业务处理服务器可以设置在中华人民共和国境内或境外。设置在境外时，应在中华人民共和国境内设置可以记录和保存业务交易数据的设施设备，能够满足金融监管部门现场检查的要求，在出现法律纠纷时，能够满足中国司法机关调查取证的要求。

5.4.3　电子银行的业务管理

电子银行与客户之间存在服务法律关系。电子银行的服务内容与传统金融服务存在一定差异。电子银行业务通常涉及商户与电子银行之间的结算关系、用户与银行之间存取现金或电子货币的服务关系。如果有信用卡公司或第三方支付公司介入，那么法律关系更为复杂。在这些服务关系中，银行与客户的权利、义务应遵循现行法律规范，与实体银行在存款、结算等业务中的法律关系基本相同。所不同的是由于使用的联系方式不同，电子银行在开户、服务、结算等环节上有一些专门要求。

1．开户审查、签约与资料保存

对电子银行客户开设条件和程序应有一定限制和规范。首先，银行应认真审核客户申请办理电子支付业务的基本资料，并以书面或电子方式与客户签订协议。其次，开户时要核验客户的身份证件和必要的法律文件。最后，要向客户提供客户须知之类的资料，使客户了解电子支付流程、规则和安全措施。

银行应妥善保存客户申请办理电子支付业务的基本资料，保存期限至该客户撤销电子支付业务后 5 年。

2．建立身份认证制度

为了避免真实所有人的密码或身份资料被盗用，防止资金的流失，电子银行必须建立身份认证制度，根据客户性质、电子支付类型、支付金额等，与客户约定适当的认证方式，如密码、密钥、数字证书、电子签名等。

3．电子支付指令的发起和接收

（1）客户应按照其与发起行的协议约定，发起电子支付指令。

（2）电子支付指令的发起行应对客户身份和电子支付指令进行确认，并形成日志文件等记录，保存至交易后 5 年。

（3）发起行应确保正确执行客户的电子支付指令，对电子支付指令进行确认后，应能够向客户提供纸质或电子交易回单。

（4）发起行、接收行应确保电子支付指令传递的可跟踪稽核和不可篡改。

（5）发起行和接收行之间应按照协议约定及时发送、接收和执行电子支付指令，并回复确认。

4．经营风险的防范

将银行业务移至网上进行操作，不可避免地会遇到经营风险。对银行自身而言，需要有一套风险防范措施，以降低网上银行业务的风险。

（1）建立内部安全运作的管理规章。网上银行应当管理和运用好资金，防止客户透支或从事违法活动，为此必须制定相应的规章，规范网上银行资金划转的条件和程序，严格要求网上支付的工作按规章和流程操作。

（2）通过服务合同合理分配风险和责任。电子银行在提供服务前与客户签订的"电子银行服务协议"中应对电子银行业务中可能产生的一系列权利、义务和责任事先予以明确约定，在不违反现行法律法规的前提下，合理分配风险和责任。

（3）合理设定业务限制。《指引》第二十五条规定："银行应根据审慎性原则并针对不同客户，在电子支付类型、单笔支付金额和每日累计支付金额等方面做出合理限制。银行通过互联网为个人客户办理电子支付业务，除采用数字证书、电子签名等安全认证方式外，单笔金额不应超过 1 000 元人民币，每日累计金额不应超过 5 000 元人民币。银行为客户办理电子支付业务，单位客户从其银行结算账户支付给个人银行结算账户的款项，其单笔金额不得超过 5 万元人民币，但银行与客户通过协议约定，能够事先提供有效付款依据的除外。"

（4）高度注意数据保护。银行应采取必要措施保护电子支付交易数据的完整性和可靠性，包括制定相应的风险控制策略，建立有效的侦测制度，有效防止电子支付交易数据在传送、处理、存储、使用和修改过程中被篡改，按照会计档案管理的要求，电子支付交易数据的保存期限为 5 年等。

5. 差错处理

电子支付业务的差错处理应遵守据实、准确和及时的原则。对电子支付业务的差错应详细备案登记，记录内容应包括差错时间、差错内容与处理部门及人员姓名、客户资料、差错影响或损失、差错原因、处理结果等。银行保管、使用不当，导致客户资料信息被泄露或篡改的，银行应采取有效措施防止造成客户损失，并及时通知和协助客户补救。造成客户损失的，银行应按约定予以赔偿。

因不可抗力造成电子支付指令未执行、未适当执行、延迟执行的，银行应当采取积极措施防止损失增多。

5.5 与电子资金划拨相关的法律规范

5.5.1 电子资金划拨当事人

电子资金划拨的当事人大致分为 3 种，分别为：资金划拨人或称指令人（Sender）、接受银行（Receiving Bank）、收款人或称受益人。

现行的电子资金划拨多为贷方划拨，即债务人作为指令人，向其代理行（接受银行）发出支付指令。其中，指令人与接受银行的概念是相对而言的，付款人是付款银行的指令人，付款人开户银行为接受银行；付款人开户银行又是中介银行的指令人，中介银行则是付款人开户银行的接受银行。依此类推，直至款项最终到达受益人，形成一个资金划拨链。

5.5.2　指令人的权利和义务

1. 指令人的权利

指令人有权要求接受银行按照指令的时间及时将指定的金额支付给指定的收款人。如果接受银行没有按指令完成义务，指令人有权要求其承担违约责任，赔偿因此造成的损失。

2. 指令人的义务

指令人的义务一般可以归纳如下。

（1）一旦向接受银行发出指令，自身也受其指令的约束，承担从其指定账户付款的义务。

（2）在需要的情况下，不仅要接受核对签名，而且在符合商业惯例的情况下，接受认证机构的认证。

（3）按照接受银行的程序，检查指令有无错误和歧义，并有义务发出修正指令，修改错误或有歧义的指令。

5.5.3　接受银行的权利和义务

1. 接受银行的权利

接受银行有如下权利。

（1）要求付款人或指令人支付所指定的资金并承担因支付而发生的费用。

（2）拒绝或要求指令人修正其发出的无法执行的、不符合规定程序和要求的指令。

（3）只要能证明指令人的过错而致使其他人，包括指令人或前任雇员或其他与指令人有关系的当事人，假冒指令人通过了认证程序，就有权要求指令人承担指令引起的后果。

2. 接受银行的义务

接受银行的义务如下。

（1）按照指令人的指令完成资金支付。

（2）就其本身或后手的违约行为，向其前手和付款人承担法律责任。

通常资金的支付从付款人开始，经过付款人银行、中介银行、认证机构、收款人银行等一系列当事人，每一当事人只接受其直接指令人的指令，并向其接受人发出指令，并与它们存在合同上的法律关系。因此，当指令是由于接受银行自身或其后手的原因没有履行、迟延履行或不当履行，付款人或指令人是无法依据合同关系直接向责任方主张权利的。为保护付款人或指令人的权益，只要接受银行或其后手存在违约行为，均应向其前手或付款人承担法律责任。在这一点上，与票据法规定的追索权具有类似的法律性质。

5.5.4　收款人的权利和义务

收款人具有特别的法律地位。在电子支付法律关系中，收款人虽然是一方当事人，但由于他与指令人、接受银行并不存在支付合同上的权利和义务关系，因此收款人不能基于电子支付行为向指令人或接受银行主张权利，收款人只是基于和付款人之间的基础法律关系与付款人存在电子支付权利和义务关系。在这一点上，电子支付与票据支付的法律关系类似。

具体而言，收款人具有知情权，有权了解资金来源等有关的情况；具有隐私权，有权要求接受银行保密自己的账户信息，保密自己的交易信息。另一方面，收款人也需要向金融机构支付相关的服务费用，除非合同约定金融机构提供通知及委托收款的服务是免费的。

5.6 与第三方支付相关的法律规范

5.6.1 第三方支付的优势及经营模式

电子支付是电子商务产业链中不可或缺的重要环节，但因早期国有商业银行在电子银行方面的建设步伐相对迟缓，第三方支付公司（非金融机构、非银行机构）的崛起迅速填补了这一空白。

第三方支付

相对于传统的资金划拨方式，第三方支付可以比较有效地对交易双方进行约束和监督。在不需要面对面进行交易的电子商务中，第三方支付为保证交易成功提供了必要的支持，因此，随着电子商务的快速发展，第三方支付行业也发展得比较快。

目前，经营状况相对较好的第三方支付公司的经营模式大致有两种。第一种是针对我国电子商务交易信用现状而特别推出的安全付款服务，其运作的实质是以第三方支付平台为信用中介，用户选购商品后，使用第三方支付平台提供的账户进行货款支付，由第三方通知商户货款到达、进行发货；用户检验商品后，就可以通知第三方付款给商户，第三方收到通知后再将款项转至商户账户。这种模式的典型代表是阿里巴巴集团控股有限公司的"支付宝"。第二种经营模式的特色是更注重与银行的合作。一些第三方支付平台，如汇付天下、快钱等，目前已经实现了与用户常用的多家银行的数十种银行卡的直通服务，帮助商户促使更多用户选择在线支付方式，其收益主要来自银行的利益分成及按每笔交易向商户收取的服务费。

5.6.2 第三方支付存在的风险

随着电子支付的发展，相应的风险也得到了人们更多的关注，主要集中在以下 4 个方面。

（1）主体资格和经营范围的风险。目前依托于银联建立的第三方支付平台，除少数几个不直接管理往来资金，将其存放在专用的账户外，其他都可直接支配交易资金。这就容易造成资金不受监管，甚至被越权调用的风险。

（2）结算和虚拟账户资金沉淀风险。第三方支付平台从事资金吸储并形成资金沉淀，如缺乏有效的流动性管理，则可能存在资金安全和支付的风险。第三方支付平台在提供交易中介和信用中介服务的过程中，资金包括两类，一类是结算资金，另一类是虚拟账户的资金。两类沉淀资金的使用和担保都存在一定风险。

（3）洗钱风险。技术进步在驱动金融业务创新发展的同时也促使犯罪分子不断更新洗钱手段和模式，电子支付、网络借贷、虚拟货币等给防控洗钱风险带来巨大挑战。电子商务交易通过互联网实现资金转移，银行和客户很少见面，甚至不见面。这给银行了解客户带来了很大困难，也使电子商务交易领域成为洗钱风险的易发、高发领域。

（4）管理方面的风险。由于第三方支付系统运行在开放的互联网上，电子支付过程中有时会遭到黑客攻击；电子签名在电子支付中的应用还不是太广泛，存在少数资金被盗等问题。

5.6.3 第三方支付监管的基本思路与方法

2010 年以来，我国先后发布了《非金融机构支付服务管理办法》（2010 年）、《非金融机构支付服务管理办法实施细则》（2010 年）、《支付机构客户备付金存管办法》（2013 年）、《非银行支付机构网络支付业务管理办法》（2015 年），《非银行支付机构监督管理条例》（2023 年）。这些文件形成了一套对第三方支付机构的监管办法。

1. 资格审查条件

从事第三方支付的非金融支付机构应持有支付业务许可证。申请支付业务许可证应当具备下列条件。

（1）在中华人民共和国境内依法设立的有限责任公司或股份有限公司，且为非金融机构法人。

（2）有符合《非金融机构支付服务管理办法》规定的注册资本最低限额。

（3）有符合《非金融机构支付服务管理办法》规定的出资人。

（4）有 5 名以上熟悉支付业务的高级管理人员。

（5）有符合要求的反洗钱措施。

（6）有符合要求的支付业务设施。

（7）有健全的组织机构、内部控制制度和风险管理措施。

（8）有符合要求的营业场所和安全保障措施。

（9）申请人及其高级管理人员最近 3 年内未因利用支付业务实施违法犯罪活动或为违法犯罪活动办理支付业务等受过处罚。

申请人拟在全国范围内从事支付业务的，其注册资本最低限额为 1 亿元人民币；拟在省（自治区、直辖市）范围内从事支付业务的，其注册资本最低限额为 3 000 万元人民币。注册资本最低限额为实缴货币资本。

2. 业务范围

非金融机构支付服务是指非金融机构在收付款人之间作为中介机构提供下列部分

或全部货币资金转移服务。

（1）网络支付。

（2）预付卡的发行与受理。

（3）银行卡收单。

（4）中国人民银行确定的其他支付服务。

3. 风险监督

第三方支付机构的风险监督主要体现在以下 6 个方面。

（1）建立清算业务风险防范机制，制定并实施识别、计量、监测和管理风险的制度。

（2）建立参与者信用风险损失分担的规则和程序。

（3）建立应急系统，制定应急预案，确保支付清算系统安全可靠运行。

（4）提供担保或缴存支付清算风险保证金，保证金实行专户存储，用于抵补参与者因头寸不足而发生的流动性风险，保证支付清算业务持续进行。

（5）按照《中华人民共和国反洗钱法》的规定建立客户身份识别制度，按照规定执行大额交易和可疑交易报告制度。

（6）银行主管部门依法对支付清算组织进行现场检查和非现场检查。

4. 客户备付金存管

客户备付金是指支付机构为办理客户委托的支付业务而实际收到的预收待付货币资金。

支付机构在同一备付金银行仅开立备付金汇缴账户的，该银行的总资产不得低于 1 000 亿元。有关资本充足率、杠杆率、流动性等风险控制指标应符合监管规定。

支付机构的备付金银行应具备监督客户备付金的能力和条件，包括具备健全的客户备付金业务操作办法和规程，监测、核对客户备付金信息的技术能力，能够按规定建立客户备付金存管系统。境内分支机构数量和网点分布应能够满足支付机构的支付业务需要，并具有与支付机构业务规模相匹配的系统处理能力。

支付机构应当在收到客户备付金或客户划转客户备付金不可撤销的支付指令后，办理客户委托的支付业务。支付机构每月在备付金存管银行存放的客户备付金日终余额合计数，不得低于上月所有备付金银行账户日终余额合计数的 50%。支付机构只能通过备付金存管银行办理客户委托的跨行付款业务，以及调整不同备付金合作银行的备付金银行账户头寸。不同支付机构的备付金银行之间不得办理客户备付金的划转。支付机构按规定为客户办理备付金赎回的，应当通过备付金专用存款账户划转资金，不得使用现金。支付机构开立备付金收付账户的合作银行少于 4 家（含）时，风险准备金的计提比例为 10%。

支付机构因办理客户备付金划转产生的手续费费用，不得使用客户备付金支付。

5. 网络支付业务

网络支付业务是指收款人或付款人通过计算机、移动终端等电子设备，依托公共网络信息系统远程发起支付指令，且付款人电子设备不与收款人特定专属设备交互，由支付机构为收付款人提供货币资金转移服务的活动。有关规定主要如下。

（1）支付机构为客户开立支付账户的，应当对客户实行实名制管理。

（2）支付机构不得为金融机构，以及从事信贷、融资、理财、担保、信托、货币兑换等金融业务的其他机构开立支付账户。

（3）支付机构应根据客户身份对同一客户在本机构开立的所有支付账户进行关联管理和分类管理。个人支付账户分类情况见表 5-1。

表 5-1　个人支付账户分类

账户类别	余额付款功能	余额付款限额	身份核实方式
Ⅰ类账户	消费、转账	自账户开立起累计 1 000 元	以非面对面方式，通过至少一个外部渠道验证身份
Ⅱ类账户	消费、转账	年累计 10 万元	面对面验证身份，或以非面对面方式，通过至少 3 个外部渠道验证身份
Ⅲ类账户	消费、转账、投资理财	年累计 20 万元	面对面验证身份，或以非面对面方式，通过至少 5 个外部渠道验证身份

（4）支付机构应当确保交易信息的真实性、完整性、可追溯性以及在支付全流程中的一致性，不得篡改或者隐匿交易信息。

（5）对于客户的网络支付业务操作行为，支付机构应当在确认客户身份及真实意愿后及时办理，并在操作生效之日起至少 5 年内，真实、完整保存操作记录。

（6）支付机构应当向客户充分提示网络支付业务的潜在风险，及时揭示不法分子的新型作案手段，对客户进行必要的安全教育，并对高风险业务在操作前、操作中进行风险警示。

（7）支付机构可以组合选用下列 3 类要素，对客户使用支付账户余额付款的交易进行验证：①仅客户本人知悉的要素，如静态密码等；②仅客户本人持有并特有的，不可复制或者不可重复利用的要素，如经过安全认证的数字证书、电子签名，以及通过安全渠道生成和传输的一次性密码等；③客户本人生理特征要素，如指纹等。

课后练习

一、选择题

1.（单选）银行应妥善保存客户申请办理电子支付业务的基本资料，保存期限至该客户撤销电子支付业务后（　　）年。

　A. 2　　　　　　　B. 3　　　　　　　C. 1　　　　　　　D. 5

2．（多选）第三方支付的风险主要集中在（　　　　）等方面。

  A．主体资格和经营范围的风险 B．结算和虚拟账户资金沉淀风险

  C．客户操作风险   D．洗钱风险

  E．管理方面的风险

二、填空题

1．电子支付可以分为 5 种类型：＿＿＿＿＿、＿＿＿＿＿＿、＿＿＿＿＿、＿＿＿＿＿＿、＿＿＿＿＿。

2．电子支付涉及的参与方有 4 个：＿＿＿＿＿＿、＿＿＿＿＿＿、＿＿＿＿＿＿、＿＿＿＿＿＿。

三、简答论述题

1．简述电子支付的概念与分类。

2．试论述电子支付当事人及其权利和义务。

3．试论述《电子支付指引（第一号）》的基本内容。

4．试论述电子银行监管的业务管理。

5．试论述第三方支付机构资格审查条件和业务范围。

6．试论述网络支付业务的监管办法。

四、案例分析题

结合本章引导案例，分析防范电子支付洗钱风险的方法。

第6章
电子商务物流与产品交付法律制度

物流与产品交付是电子商务交易的重要环节。企业电子商务运营的最后效果必须以可靠和高效的物流与交付为保证。没有一个高效、合理、畅通的物流与交付体系，电子商务所具有的优势就难以得到有效的发挥。本章在阐述电子商务物流的概念和基本要求的基础上，从实物产品配送、数据产品交付和服务产品交付 3 个方面探讨法律对物流和网络传输活动的规制。

学习目标

1. 掌握电子商务物流的基本要求。
2. 掌握实物产品配送的法律规范。
3. 掌握数据产品交付的法律规范。
4. 掌握服务产品交付的相关内容。

引导案例：快递服务纠纷案件的综合分析

随着我国电子商务平台、外卖平台等平台经济的日益繁荣，快递服务行业也得到较好发展。快递已经成为人们日常工作、生活的重要组成部分。但是，快递件延迟、短少、毁损、丢失等情况也日益增多，由此导致快递服务合同纠纷呈现增长趋势。

2021 年 1 月至 2022 年 12 月，上海市××区法院共受理快递服务合同纠纷案件 281 件，审结 264 件。其中，2022 年受理 202 件，同比 2021 年增长 155.70%；审结 208 件，同比 2021 年增长 271.43%。

快递服务合同纠纷类案件呈现出以下特点。

（1）在案件属性类型上，主要表现为民事案件多，商事案件少。在 2022 年受理的快递服务合同纠纷案件中，民事案件 157 件，商事案件 45 件，商事案件占比 22.28%。

（2）在案件适用法律程序上，主要适用简易（小额）诉讼程序，较少适用普通程序进行审理。

（3）从案涉纠纷的案涉主体和纠纷内容看，原告往往分布在全国各地，还涉及消费者权益保护。快递服务企业作为被告，无论是加盟制还是直营模式，都可以将其总部作为被告，××区为快递物流企业总部聚集区域，因而投诉较多。

（4）该类纠纷涉及快递服务企业商誉、合法权益的维护，以及良好营商环境的营造。

处理快递纠纷案件的关键是综合考量寄件人和快递服务企业对快递物品毁损、灭失等过错程度的大小。比如，快递员在搬运快递件物品过程中是否有扔、抛、摔等行为，在邮寄生鲜食品时有没有规范使用加冰袋冷藏；寄件人有无进行保价，系全额保价还是部分保价；同时，还要综合考量有无不可抗力或第三方的侵权行为。综合考量各种因素后，最终确定损害赔偿的金额及损害赔偿责任在各方之间的分配。

6.1 电子商务物流的基本概念

物流的概念最早在美国提出，起源于20世纪30年代，原意为"实物分配"或"货物配送"（Physical Distribution，PD），1963年被引入日本，被译为"物的流通"。20世纪70年代以后，"物流"一词逐渐取代了"物的流通"。当时的物流被理解为"在连接生产和消费间对物资履行保管、运输、装卸、包装、加工等功能，以及作为控制这类功能的信息功能，它在物资销售中起桥梁作用"。

电子商务物流概述

我国是在20世纪80年代才接触"物流"这个概念的，此时的物流已被称为Logistics。Logistics的原意为"后勤"。这时，物流就不单纯考虑从生产者到消费者的货物配送问题了，而且还要考虑生产者对原材料的采购，以及生产者在商品制造过程中的运输、保管和信息等方面的问题。

京东物流流程简介

1999年，联合国物流委员会对物流的概念做了界定："物流"是为了满足消费者需要而进行的从起点到终点的原材料、中间过程库存、最终商品和相关信息有效流动和存储计划、实现和控制管理的过程。现代物流是指"物"在一定的时间内的空间移动以及在物的移动过程中动态及静态的管理。这个定义强调了从起点到终点的过程，提高了物流的标准和要求，确定了未来物流的发展方向，较传统物流概念更为明确。

中国物流与采购联合会的研究报告表明，从结构看，受传统产业转型升级步伐加快和电子商务、信息平台等新产业加速发展的影响，物流需求结构继续优化。一方面钢铁、煤炭、水泥等大宗商品物流需求增速进一步放缓；另一方面与民生相关的消费类商品物流需求保持较快增长。物流已经成为国民经济一个新的增长点。

6.2　电子商务物流的基本要求

6.2.1　安全要求

物流作为电子商务交易 3 个主要环节中的一环，安全问题贯穿其运作始终。《民法典》《中华人民共和国邮政法》（2015 年修正，简称《邮政法》）、《快递暂行条例》（2019 年修正）、《第三方物流服务质量及测评》（GB/T 24359—2021）等均对物流作业的安全问题提出了相应的规定和标准。安全要求所涉及的经营电子商务物流业务的企业，包括为 B2B、B2C 和 C2C 提供物流服务的所有企业。这些企业都需要按照有关法律法规的要求，建立物流作业规范，保证作业安全。经营电子商务物流业务的企业应当根据相关标准要求，建立并实施物流作业规范，确保整个作业过程的安全性。

《民法典》第八百一十一条规定，承运人应当在约定期限或者合理期限内将旅客、货物安全运输到约定地点。

《邮政法》第七十五条规定，邮政企业、快递企业不建立或者不执行收件验视制度，或者违反法律、行政法规以及国务院和国务院有关部门关于禁止寄递或者限制寄递物品的规定收寄邮件、快件的，对邮政企业直接负责的主管人员和其他直接责任人员给予处分；对快递企业，邮政管理部门可以责令停业整顿直至吊销其快递业务经营许可证。

电子商务物流企业在收寄物品时应当严格遵守法律法规，不得承运或快递违禁品；需要承运或快递危险品的应具备相应的行政许可，履行查验义务。

为保证电子商务物流过程的安全，交通运输部《快递市场管理办法》（2013 年修订）第二十九条规定，任何组织和个人不得利用快递服务网络从事危害国家安全、社会公共利益或者他人合法权益的活动。下列物品禁止寄递。

（1）法律、行政法规禁止流通的物品。

（2）危害国家安全和社会政治稳定以及淫秽的出版物、宣传品、印刷品等。

（3）武器、弹药、麻醉药物、生化制品、传染性物品和爆炸性、易燃性、腐蚀性、放射性、毒性等危险物品。

（4）妨害公共卫生的物品。

（5）流通的各种货币。

（6）法律、行政法规和国家规定禁止寄递的其他物品。

交通运输部《快递业务经营许可管理办法》（2018 年）第九条提出了快递企业应当具备的安全保障制度和措施，具体如下。

（1）从业人员安全、用户信息安全等保障制度。

（2）突发事件应急预案。

（3）收寄验视、实名收寄等制度。

（4）快件安全检查制度。

（5）配备符合国家规定的监控、安检等设备设施。

（6）配备统一的计算机管理系统，配置符合邮政管理部门规定的数据接口，能够提供快递服务有关数据。

（7）监测、记录计算机管理系统运行状态的技术措施。

（8）快递服务信息数据备份和加密措施。

6.2.2　信息处理

现代信息技术的应用，使得电子商务物流作业实现了信息化。但物流信息的泄露成为电子商务物流作业中的一个突出问题。《民法典》第一千零三十八条要求，信息处理者应当采取技术措施和其他必要措施，确保其收集、存储的个人信息安全，防止信息泄露、篡改、丢失；发生或者可能发生个人信息泄露、篡改、丢失的，应当及时采取补救措施，按照规定告知自然人并向有关主管部门报告。《邮政法》第三十五条明确要求，除法律另有规定外，邮政企业及其从业人员不得向任何单位或者个人泄露用户使用邮政服务的信息。

交通运输部2020年发布的《邮政业寄递安全监督管理办法》（简称《办法》），从3个角度完善了对用户信息的保护。第一，在网络安全层面，《办法》要求企业按照国家网络安全等级保护制度的要求，履行包括制定内部安全管理制度和操作规程等5项网络安全保护义务，防止保存于网络中的用户信息泄露或者被窃取、篡改。第二，在文件管理层面，《办法》要求企业建立寄递详情单及电子数据管理制度，定期销毁已经使用过的寄递详情单，妥善保管用户信息等电子数据，采取有效手段保证用户信息安全。第三，明确了一般禁止提供的用户信息，未经法律明确授权或者用户书面同意，邮政企业、快递企业及其从业人员不得将用户身份信息以及用户使用邮政服务、快递服务的信息提供给任何单位或者个人。

根据《民法典》和有关部门法规的要求，电子商务物流企业应做好3方面的工作。

（1）加强物流服务信息化、网络化和标准化建设，规范订单接收、数据处理和数据管理程序，保证作业信息的准确和可追溯。

（2）妥善保管客户信息，不得利用客户信息牟取不正当利益。除法律另有规定外，电子商务物流企业不得向任何单位或者个人泄露客户使用物流服务的信息。

（3）提供与客户共享相关信息的办法，以便于客户对其储存、运输物品状态的查询和跟踪。电子商务物流企业应向用户提供自交寄之日起不少于一年的免费查询服务。

6.2.3　损失赔偿

寄件人可以根据物品的重要性，自主选择保价或不保价递送服务品种。

在网上发布商品或服务信息并与用户达成合同关系的经营者，与在线下实际向用户提供商品或服务的经营者不一致的，由两者共同承

物流损失赔偿
相关规定

担连带责任，另有约定的除外。

电子商务交易中，网上发布的商品或服务信息与线下提供的商品或服务不相符合的情况时有发生。一个重要原因是在网上发布商品或服务信息的经营者与在线下实际向用户提供商品或服务的经营者不一致。法律上规定由两者共同承担连带责任，以维护消费者权益。

《快递市场管理办法》第二十条规定：在快递服务过程中，快件（邮件）发生延误、丢失、损毁和内件不符的，经营快递业务的企业应当按照与用户的约定，依法予以赔偿。

《民法典》第五百七十七条规定的赔偿的一般原则是：当事人一方不履行合同义务或者履行合同义务不符合约定的，应当承担继续履行、采取补救措施或者赔偿损失等违约责任。《民法典》第八百三十三条又规定，货物的毁损、灭失的赔偿额，当事人有约定的，按照其约定；没有约定或者约定不明确，依据本法第五百一十条①的规定仍不能确定的，按照交付或者应当交付时货物到达地的市场价格计算。法律、行政法规对赔偿额的计算方法和赔偿限额另有规定的，依照其规定。

6.3　实物产品配送

6.3.1　实物产品与实物产品配送概述

京东青龙系统

实物产品是以物质实体形式存在的产品，又称有形产品。实物产品的生产、流通和消费一般在时间和空间上是分离的。电子商务的实物产品配送是指网上销售的实物产品的物流活动。电子商务的实物产品配送系统由配送作业系统和配送信息系统两个部分构成。

（1）配送作业系统：在采购、运输、仓储、装卸搬运、配送等作业环节中使用各种先进技术，并使生产据点、物流据点、运输配送路线、运输手段等网络化，以提高物流活动的效率。

（2）配送信息系统：在保证订货、进货、库存、出货、配送等信息通畅的基础上，使通信据点、通信线路、通信手段网络化，提高配送作业系统的效率。

电子商务实物产品配送系统的构成如图 6-1 所示。

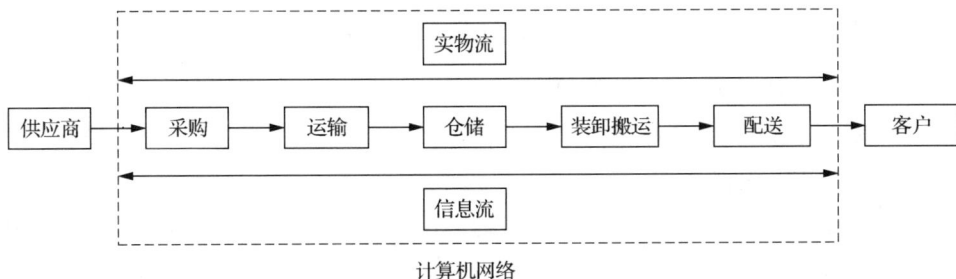

图 6-1　电子商务实物产品配送系统

---

① 《民法典》第五百一十条："合同生效后，当事人就质量、价款或者报酬、履行地点等内容没有约定或者约定不明确的，可以协议补充；不能达成补充协议的，按照合同相关条款或者交易习惯确定。"

6.3.2 实物产品配送的相关法律规范

实物产品配送，特别是网络零售产品的配送，常常引起客户与网站经营者和承运人之间的矛盾。解决这些矛盾的方法是，明确网站经营者、承运人和客户之间的责任与义务，严格按照《民法典》货运合同的要求办理。

《电子商务法》第二十条规定，电子商务经营者应当按照承诺或者与消费者约定的方式、时限向消费者交付产品或者服务，并承担产品运输中的风险和责任。但是，消费者另行选择快递物流服务提供者的除外。

在实际操作中，应注意以下 4 个方面。

（1）网站经营者或平台内经营者应当在承诺的时限内将质量合格的实物产品安全运送或投递到约定的收件地址和收件人手中。

（2）网站经营者委托电子商务物流企业作为承运人交付标的物的，承运人在根据运单指令将货物运送到指定收货地点时，经收货人或其授权人签名确认的或以其他方式表明收货人签收的，即视为履行完交付义务。

（3）电子商务物流企业应当按照实物产品的种类、配送时限分别处理；分区作业，规范操作，并及时录入处理信息；不得野蛮分拣，严禁抛扔、踩踏或者以其他危险方法处理快件。

（4）随着业务模式的不断创新，如智能储物柜的出现，需要考虑电子签名确认或其他方式确认收货人签收。

伴随着电子商务的快速发展，2022 年，我国全年完成快递业务量达到 1 105.8 亿件，完成快递业务收入 10 567 亿元，连续 9 年稳居世界第一。

为进一步规范快递行业的发展，2018 年 3 月国务院通过《快递暂行条例》（简称《条例》），进一步完善了邮政业的法律法规体系，相关规定如下。

（1）快递经营主体。《条例》第十七条规定，经营快递业务，应当依法取得快递业务经营许可。

（2）快递服务条款。《条例》第二十一条规定，经营快递业务的企业在寄件人填写快递运单前，应当提醒其阅读快递服务合同条款、遵守禁止寄递和限制寄递物品的有关规定，告知相关保价规则和保险服务项目。

（3）快递验收制度。《电子商务法》第五十二条规定，快递物流服务提供者为电子商务提供快递物流服务，应当遵守法律、行政法规，并应当符合承诺的服务规范和时限。快递物流服务提供者在交付产品时，应当提示收货人当面查验；交由他人代收的，应当经收货人同意。

（4）快递赔偿。《条例》第二十七条明确，快件延误、丢失、损毁或者内件短少的，对保价的快件，应当按照经营快递业务的企业与寄件人约定的保价规则确定赔偿责任；对未保价的快件，依照民事法律的有关规定确定赔偿责任。

《民法典》第五百一十二条规定，通过互联网等信息网络订立的电子合同的标的为交付商品并采用快递物流方式交付的，收货人的签收时间为交付时间。电子合同的标的为提供服务的，生成的电子凭证或者实物凭证中载明的时间为提供服务时间；前述凭证没有载明时间或者载明时间与实际提供服务时间不一致的，以实际提供服务的时间为准。

6.4　数据产品交付

6.4.1　与数据产品相关的概念

从广义上讲，数据产品是经过具有一定科学知识和工作经验的信息人员对科技成果或知识进行劳动加工而成的劳动产品。因此，数据产品是可以交换的，也同样存在交付的问题。这一过程是通过数据产品交易市场完成的。

数据产品主要通过数据产品交易市场进行交易。数据交易所（或数据交易中心）是数据产品的交易平台，也是数据产品交易市场的主要表现形式。截至 2023 年，全国已成立 40 多家数据交易机构，2022 年数据交易市场规模达 876.8 亿元。

从本质上看，任何事物被数字化或数字模拟化处理后都可以以数据的形式表示出来，形成可以重复使用的制品（即数据产品），如数据库内容、软件、App、电子音像制品、商业分析报告等。在这些数据产品确权之后，都可以通过数据产品交易市场完成交易。

6.4.2　与数据产品交付相关的法律规范

数据产品是电子商务交易中的一种特殊产品，需要明确经营者履行交付义务的条件和用户收到数据产品的条件。

《民法典》第五百一十二条规定，电子合同的标的物为采用在线传输方式交付的，合同标的物进入对方当事人指定的特定系统且能够检索识别的时间为交付时间。

无实物载体的数据产品具有显著区别于传统买卖合同标的物的特征，例如，使用后无损耗、其本身易于复制并可迅速传播等。因此，对标的物是无实物载体的数据产品买卖合同而言，其法律规则具有一定的特殊性。

《最高人民法院关于审理买卖合同纠纷案件适用法律问题的解释》（以下简称《解释》）第二条规定，标的物为无须以有形载体交付的电子信息产品，当事人对交付方式约定不明确，且依照《民法典》第五百一十条的规定仍不能确定的，买受人收到约定的电子信息产品或者权利凭证即为交付。

这里的电子信息产品可以认为是数据产品的一种。买受人获得数据产品的密码，即属于得到了交付权利凭证；买受人以在线网络传输的方式接收或者下载这种数据产品，即收到约定的数据产品。

接收数据产品的用户应当通过安装、试用或浏览该数据以确定所接收的数据产品是否为所订购产品和是否符合合同约定。未在自接收之时起合理期间提出异议的，即视为用户收到合同约定的数据产品，用户确有证据证明该数据产品不符合合同约定的除外。

《中共中央 国务院关于构建数据基础制度更好发挥数据要素作用的意见》提出，建立保障权益、合规使用的数据产权制度，探索数据产权结构性分置制度；建立健全个人信息数据确权授权机制，建立健全数据要素各参与方合法权益保护制度；强化市场主体数据全流程合规治理，确保流通数据来源合法、隐私保护到位、流通和交易规范；支持数据处理者依法依规在场内和场外采取开放、共享、交换、交易等方式流通数据；鼓励探索数据流通安全保障技术、标准、方案。

知识拓展

数据产权属于随数据产品交易市场发展而出现的新兴经济范畴。所有权不同于产权，所有权指对财产归属关系的权利，强调财产关系的物质属性；产权是基于财产权的一组权利的有机结合体，强调财产关系的社会属性。数据产权是持有和使用数据资源的权利，并不是对数据资源占有和处置的权利。电子商务数据的形成过程需要多方参与，根本无法确定谁是"数据原发者"，很难像土地、资本和技术要素那样，可以清晰地确定其所有权。但我们可以赋予特定数据的生产者、处理者数据权，即对数据的专属权或排他支配权，从而使数据成为财产并基于此形成数据财产权。

6.5　服务产品交付

6.5.1　服务产品的定义

服务产品是指不具有实体，而以各种劳务形式表现出来的无形产品，如旅游、信息咨询、法律服务、金融服务等。

在实体市场中，服务产品可以区分为以设备为基础的服务产品和以人为基础的服务产品两部分。在互联网环境下，服务产品的形成又分成两个阶段：第一阶段，通过网络浏览、网络订购、网络下单、网络支付形成服务产品的订单信息；第二阶段，通过实体社会服务系统实际完成服务产品的交付。

经济学中的服务通常有两种含义：其一，是指第三产业中的服务劳动，它与非物质生产劳动大致相同，但有交叉；其二，是指服务产品，即以非实物形态存在的劳动成果，主要包括第三产业部门中一切不表现为实物形态的劳动成果（由于经济过程的复杂性，现实中第一、第二产业部门中也混杂着少量服务产品）。如果在劳动意义上使用服务概念就称为"服务劳动"，若在产品意义上使用它就称为"服务产品"。

随着科学技术的进步和社会经济的发展，服务产品在社会总产品中的比重不断增大，人们对物质财富的观念也在逐渐改变，承认服务产品具有物质性的人越来越多。

6.5.2　与服务产品交付相关的法律规范

服务产品的交付也是电子商务遇到的一个新问题。电子商务网站提供了诸如旅游、餐饮、租车等服务信息产品，而这些产品传达的服务信息最终是由旅游、餐饮和租车等实体企业完成的。网站经营者与用户之间的服务，限于获得相关实体企业的信息。网站经营者或第三方交易平台利用网络征得消费者服务意愿后，应根据消费者的需求提供服务，并生成电子凭证，即视为经营者已经履行了交付义务。

在实体市场中，服务产品被当作产品同其他产品相交换，也遵循产品交换中的一般规律，接受市场的调节。服务业经营者接收服务产品信息后，通过部分设备、原材料、工具等生产手段的储备，待消费者到来后，完成服务产品的实物提供。

在虚拟市场中，服务产品的交付有特定的含义。以云计算服务为例，其包括了DSaaS（Data Storage as a Service，数据存储即服务）、IaaS（Infrastructure as a Service，基础设施即服务）、NaaS（Network as a Service，网络即服务）、PaaS（Platform as a Service，平台即服务）和SaaS（Software as a Service，软件即服务）等数种典型的云服务模式。

（1）IaaS的交付。IaaS的交付即围绕着虚拟机、存储、网络等比较通用的基本资源，提供弹性、高可用性的互联网服务。服务提供商需要保障这些服务的SLA（Service Level Agreement，服务级别协议），并根据资源的实际使用进行计费，而用户则根据需要，进行成本、可用性、性能等方面的权衡选择。

（2）PaaS的交付。PaaS为用户提供一个可以部署并执行代码的环境、一些可以调用的API（Application Programming Interface，应用程序接口）以及一些可用服务。PaaS让开发者可以直接打造出富有弹性的服务而无须任何运维工作。PaaS交付的内容是可以执行代码的运行环境，如Java环境等。交付内容一般还包括消息队列、数据存储、数据库、缓存等附加服务。

（3）SaaS的交付。SaaS交付的内容形式很多，通常是通过Web的交付，展现在不同终端上。商业化的SaaS以面向企业的服务为主，面向不同行业客户提供企业内部的管理应用服务、电子商务应用服务等。在SaaS的交付过程中，服务平台将指定服务分发到指定的销售渠道，如应用商店、应用中心及第三方合作渠道销售网站等；用户在各个渠道中可以查看指定的SaaS，并了解SaaS服务相关信息，然后可以选择适合自己的SaaS，并以"时长+用户数"等方式进行试用、购买服务，购买服务后，可以在指定的系统中查看和使用自己开通的服务。

云计算服务的生命周期包括规划准备、选择服务商与部署、运行监管、退出服务四个阶段，每个阶段都有相应的法律要求。在规划准备阶段，企业应按照《网络安全法》第十七条的要求，开展网络安全认证，考虑云服务商对数据和业务安全能力的要求，推广行业内的可信云认证。在选择服务商与部署阶段，由于需要将用户的数据向云服务商平台进行迁移和部署，企业应当按照《中华人民共和国数据安全法》第二十七条的要求，建立健全全流程数据安全管理制度；涉及数据跨境流动问题，应严格执行国家互联网信息办公室《数据出境安全评估办法》。运行监管阶段，企业需要对云服务商的责任义务进行监督，可参照《电子商务法》对第三方平台监管的要求。退出服务阶段要求云服务商确保数据已被完全删除，可严格执行《网络安全法》第四十三条有关数据的删除规定。

课后练习

一、选择题

1．（单选）物流最早的概念表述为（　　　　）。

  A．货物配送   B．物的流通

  C．Logistics   D．物的移动及管理

2．（多选）禁止寄递的物品有（　　　　）。

  A．法律、行政法规禁止流通的物品

  B．危害国家安全和社会政治稳定以及淫秽的出版物、宣传品、印刷品等

  C．武器、弹药、麻醉药物、生化制品、传染性物品和爆炸性、易燃性、腐蚀性、放射性、毒性等危险物品

  D．妨害公共卫生的物品

  E．流通的各种货币

二、填空题

1．电子商务的实物产品配送系统由（　　　　　　）和（　　　　　　）两个部分构成。

2．云计算服务包括 DSaaS（　　　　　　）、IaaS（　　　　　　）、NaaS（　　　　　　）、PaaS（　　　　　　）和 SaaS（　　　　　　）等数种典型的云服务模式。

三、简答论述题

1．简述电子商务物流的概念与电子商务实物产品配送系统的构成。

2．试论述电子商务物流的基本要求。

3．简述实物产品的定义及与其配送相关的法律规范。

4．简述数据产品的定义及与其交付相关的法律规范。

5．简述云计算服务的生命周期及其各阶段的法律规范。

四、案例分析题

结合本章引导案例，分析快递服务纠纷案件的特点和解决此类案件的关键点。

第7章

跨境电子商务法律规范

跨境电子商务是电子商务发展的一个新领域。为促进跨境电子商务的发展，2015年6月，国务院发布了《国务院办公厅关于促进跨境电子商务健康快速发展的指导意见》，提出了一系列的支持措施。据国务院发布的《中国电子商务报告（2022）》，2022年，我国跨境电子商务外贸新业态继续保持蓬勃发展态势，全年跨境电子商务进出口额含B2B达到2.11万亿元人民币，同比增长9.8%，其中，出口额为1.55万亿元人民币，同比增长11.7%，进口额为0.56万亿元人民币，同比增长4.9%。本章在介绍跨境电子商务的基本概念和市场范围的基础上，重点阐述跨境电子商务有关环节的主要法律规范。

学习目标

1. 掌握跨境电子商务的概念和市场范围。
2. 掌握跨境电子商务经营活动的法律规范。
3. 熟悉电子通关的主要法律规定。
4. 了解检验检疫的主要法律规定。

引导案例：跨境电子商务零售交易纠纷案

2021年5月15日，原告于某在某网络购物平台上从被告莉某百货注册的店铺"莉某百货"购买"顺丰正品竹鹤17年单一麦芽威士忌日本Nikkawhiskey洋酒一甲珍稀"共2瓶，单价3 200元，共支付价款6 400元。被告莉某百货用顺丰快递向原告邮寄涉案商品。2021年5月21日，原告收到涉案商品。该商品外包装均为日文标识，没有简体中文标签及说明书，且商品包装中没有合法途径进口和经我国出入境检验检疫的证明。原告向上海市××区人民法院提出诉讼请求：（1）判令被告退还原告货款6 400元并按照《中华人民共和国食品安全法》十倍赔偿原告64 000元；（2）判令被告某平台的经营公司上海寻某公司对第一项诉讼请求承担连带责任。

另查明，2011 年 4 月 8 日，国家质量监督检验检疫总局（现为国家市场监督管理总局）发布《关于进一步加强从日本进口食品农产品检验检疫监督的公告》，规定禁止从日本福岛县、东京都等 12 个都县进口食品、食用农产品及饲料。

××区人民法院认为，涉案商品的销售名称及描述均显示其为进口商品，被告莉某百货并未提供进口货物的相关报关单据、中文标识、入境货物检验检疫证明、产品检验检疫卫生证书、海关发放的通关证明等进口食品所应具备的资料；而且涉案商品瓶身及外包装载明其制造者位于日本东京都，属于国家质量监督检验检疫总局发布的公告中明令禁止从日本进口食品的地区。因此，法院采纳原告主张，认定涉案商品不符合食品安全标准。

根据法律规定，销售明知是不符合食品安全标准的食品，消费者除要求赔偿损失外，还可以向经营者要求支付价款十倍或者损失三倍的赔偿金。被告莉某百货作为经营者销售明知是不符合食品安全标准的食品，应当承担相应法律责任。原告要求被告莉某百货退还价款并支付商品价款十倍的赔偿金，于法有据，法院予以支持。

关于原告要求被告上海寻某公司承担连带责任，根据原告与上海寻某公司用户协议的约定和交易过程及售后沟通情况来看，上海寻某公司仅作为电子商务平台提供相应网络平台服务，涉案商品系从被告莉某百货处购买。上海寻某公司依法审核了莉某百货店铺的入驻资质，向原告披露了被告莉某百货的主体信息，涉案商品也已经下架，完成了相关的注意义务。因此，原告该项主张缺乏事实和法律依据，法院不予支持。

7.1 跨境电子商务概述

7.1.1 跨境电子商务的概念与市场范围

跨境电子商务是指分属不同关境交易主体进行的或交易标的跨越关境的电子商务活动。具体而言，跨境电子商务是分属不同关境的交易主体，通过电子商务平台达成交易、进行支付结算，并通过跨境物流送达商品、完成交易的商品交易、服务交易及相关服务。

跨境电子商务的主要市场范围包括虚拟市场中的国际市场部分以及实体市场中的国际市场采用电子商务交易手段的部分（见图 1-5）。

7.1.2 跨境电子商务相关方关系分析

跨境电子商务涉及多个交易、服务和监管主体，其相关方可分为 3 类。

1. 跨境电子商务交易主体

跨境电子商务交易主体即直接参与交易的相关方，主要包括跨境电子商务服务商（自营服务商、第三方交易平台服务商）、跨境电子商务平台内经营者、跨境电子商务客户。

2．跨境电子商务支撑服务提供者

跨境电子商务支撑服务提供者是为电子商务交易提供支撑的相关方，主要包括支付服务提供商、物流服务提供商、报关代理商、网络提供商、IT（信息技术）基础设施服务提供商（如云平台运营商）、身份认证服务提供商、征信服务提供商、信息安全服务运营商等。

3．跨境电子商务监管机构

跨境电子商务监管机构为对跨境电子商务交易活动进行监管的相关机构，主要包括商务部、海关总署、中国人民银行、国家市场监督管理总局、工业和信息化部等。

7.1.3　跨境电子商务交易过程的主要环节

以跨境电子商务交易买方为主要视角，可以把一般跨境电子商务交易过程分为注册/登录环节、契约/交易环节、支付环节、通关环节、物流环节、评价/结算环节，如图 7-1 所示。不同类型的跨境电子商务交易的过程有所区别，可能不需要包含全部的环节，可跳过某些环节直接进入关键环节，各个环节之间也可灵活组合。

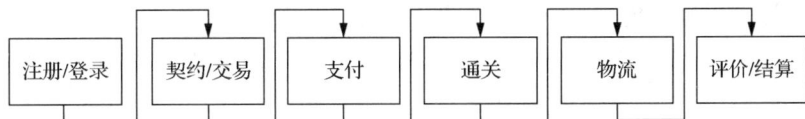

图 7-1　跨境电子商务交易主要环节

7.1.4　国家对跨境电子商务交易的支持

《电子商务法》第七十一条规定，国家促进跨境电子商务发展，建立健全适应跨境电子商务特点的海关、税收、进出境检验检疫、支付结算等管理制度，提高跨境电子商务各环节便利化水平，支持跨境电子商务平台经营者等为跨境电子商务提供仓储物流、报关、报检等服务。国家支持小型微型企业从事跨境电子商务。

《电子商务法》第七十二条规定，国家进出口管理部门应当推进跨境电子商务海关申报、纳税、检验检疫等环节的综合服务和监管体系建设，优化监管流程，推动实现信息共享、监管互认、执法互助，提高跨境电子商务服务和监管效率。跨境电子商务经营者可以凭电子单证向国家进出口管理部门办理有关手续。

截至 2022 年年底，我国共批准设立七批跨境电子商务综合试验区（简称跨境电商综试区），总数达到 165 个，已经覆盖全国 31 个省区市，基本形成了陆海内外联动、东西双向互济的发展格局。

7.2　跨境电子商务经营活动的法律规范

《电子商务法》第二十六条规定，电子商务经营者从事跨境电子商务，应当遵守进出口监督管理的法律、行政法规和国家有关规定。

从 2013 年起，国务院和各相关部委纷纷出台针对跨境电子商务行业的配套政策和法律规范，不仅对行业发展起到积极的推动作用，也有效保证了跨境电子商务的健康发展。

7.2.1 跨境电子商务经营者经营活动的一般要求

跨境电子商务经营者经营活动的一般要求如下。

（1）实名登记和注册。跨境电子商务经营者属于电子商务经营者的范畴，根据《电子商务法》第十条的规定，电子商务经营者应当依法办理市场主体登记。但从事零星小额交易活动等的除外。

跨境电子商务的相关政策

（2）备案、通关信息申报或联网、数据共享。跨境电子商务参与者应当向海关、进出口商检、外汇、流通主管和行政执法部门备案，及时准确地向跨境通关服务平台传输商品信息、支付信息、物流信息和其他必要的交易信息。

（3）交易警示与协助。跨境电子商务经营者应当了解跨境商品所在地和进出关境的法律政策及变动情况，及时向消费者公告相关信息。

（4）商品报关。跨境电子商务经营者应当通过跨境通关服务平台向海关如实申报，履行代缴关税义务。对于境内消费者直接向境外购买的商品，跨境物流经营者负有代消费者进行通关申报、代缴关税的义务。

（5）信息保存。跨境电子商务参与者应妥善保存在平台上发布的交易及服务的全部信息，包括各自系统上生成的商品、交易、物流、支付以及日志信息；应采取相应的技术手段保证上述资料的完整性、准确性和安全性。跨境电子商务参与者对客户身份信息的保存时间自其最后一次登录之日起不少于四年；交易信息保存时间自发生之日起不少于四年。

7.2.2 跨境电子商务平台经营者的特别义务

跨境电子商务平台经营者的特别义务如下。

（1）跨境电子商务平台经营者应详细告知用户跨境交易流程、提示跨境交易的商业风险和法律风险，积极协助当事人进行沟通或协助安排翻译、物流、支付、通关等第三方机构提供专业服务。

（2）跨境电子商务平台服务商和境外代购服务提供者对境外交易当事人的身份信息应进行必要的核查，警示跨境交易中常见的欺诈行为，提示境内交易当事人注意风险防范。

（3）跨境电子商务平台服务商根据本平台的交易特点，可向相关主管部门申请为本平台的跨境交易提供人民币结算的便利，鼓励跨境交易各方使用人民币进行跨境结算。

（4）跨境电子商务平台经营者不得在平台上进行禁止入境商品的交易，对其他风险等级较高的入境商品应明确商品登录和风险担保规则。对违反我国法律禁止性规定的跨境交易，应当及时向监管机构报告。

（5）跨境电子商务平台内经营者应遵守消费者权益保障规则，接受消费者符合法律法规规定的退换货请求。平台内经营者拒绝或超过时限未办理消费者合法的请求事项的，跨境电子商务平台服务商应协助处理。

7.2.3 跨境电子商务物流规范

跨境电子商务物流服务提供者可以接受当事人的委托提供一站式服务。境内物流服务商需要将境外物流转委托给其他人的，委托方仍应对货物承运承担法律责任。

跨境电子商务物流服务提供者应当符合两个方面的要求：第一，应当提供"门到门"的一站式服务；第二，如果将境外物流转委托给其他人，委托方仍应对货物承运承担全部法律责任。

跨境电子商务物流服务商应当允许收货人在签字收货之前查验货物，在发现货物损坏或其他意外情况时，应当及时告知发货人或前手承运人及保险公司，协助收货人或交易买方办理相关证明等事宜。

跨境电子商务物流服务商在接受委托前应了解货物情况，告知委托人通关流程和基本规则，对于限制通关或禁止通关的货物应及时告知委托人。

7.2.4 电子通关规范

国务院办公厅《关于实施支持跨境电子商务零售出口有关政策的意见》提出，要建立电子商务出口新型海关监管模式，对出口商品进行集中监管，并采取清单核放、汇总申报的方式办理通关手续。为进一步落实这一要求，2014 年海关总署发布了《关于跨境贸易电子商务进出境货物、物品有关监管事宜的公告》，明确规定了监管范围、电子商务进出境货物和物品通关管理与物流监控等方面的事项。

1. 监管方面

（1）同时满足以下 3 个条件的跨境电子商务活动纳入调整范围：①主体上，主要包括境内通过互联网进行跨境交易的消费者、开展跨境贸易电子商务业务的境内企业、为交易提供服务的跨境贸易电子商务第三方平台；②渠道上，仅指通过已与海关联网的电子商务平台进行的交易；③性质上，应为跨境交易。

（2）海关对电子商务出口商品采取"清单核放、汇总申报"的方式办理通关手续。电子商务企业可以通过互联网向海关提交《中华人民共和国海关跨境贸易电子商务进出境货物申报清单》，逐票办理商品通关手续；个人应提交《中华人民共和国海关跨境贸易电子商务进出境物品申报清单》，采取"清单核放"方式办理电子商务进出境物品报关手续。

（3）存放电子商务进出境货物、物品的海关监管场所经营人，应向海关办理开展电子商务业务的备案手续，并接受海关监管。未办理备案手续的，不得开展电子商务业务。

（4）电子商务企业或个人、支付企业、海关监管场所经营人、物流企业等，应按照规定通过电子商务通关服务平台适时向电子商务通关管理平台传送交易、支付、仓储和物流等数据。

2. 电子商务进出境货物、物品通关管理

（1）电子商务企业或个人、支付企业、物流企业应在电子商务进出境货物、物品申报前，分别向海关提交订单、支付、物流等信息。

（2）电子商务企业或其代理人应在运载电子商务进境货物的运输工具申报进境之日起 14 日内，电子商务出境货物运抵海关监管场所后、装货 24 小时前，按照已向海关发送的订单、支付、物流等信息，如实填制《货物清单》，逐票办理货物通关手续。个人进出境物品，应由本人或其代理人如实填制《物品清单》，逐票办理物品通关手续。

（3）开展电子商务业务的海关监管场所经营人应建立完善的电子仓储管理系统，将电子仓储管理系统的底账数据通过电子商务通关服务平台与海关联网对接；电子商务交易平台应将平台交易电子底账数据通过电子商务通关服务平台与海关联网对接；电子商务企业、支付企业、物流企业应将电子商务进出境货物、物品交易原始数据通过电子商务通关服务平台与海关联网对接。除特殊情况外，《货物清单》《物品清单》《进出口货物报关单》应采取通关无纸化作业方式进行申报。

（4）电子商务企业或其代理人未能按规定将《货物清单》汇总形成《进出口货物报关单》向海关申报的，海关将不再接受相关企业以"清单核放、汇总申报"方式办理电子商务进出境货物报关手续，直至其完成相应汇总申报工作。

3. 电子商务进出境货物、物品物流监控

（1）电子商务进出境货物、物品的查验、放行均应在海关监管场所内完成。

（2）海关监管场所经营人应通过已建立的电子仓储管理系统，对电子商务进出境货物、物品进行管理，向海关传送上月进出海关监管场所的电子商务货物、物品总单和明细单等数据。

支持保税进口

（3）海关按规定对电子商务进出境货物、物品进行风险布控和查验。海关实施查验时，电子商务企业、个人、海关监管场所经营人应按照现行海关进出口货物查验等有关规定提供便利，电子商务企业或个人应到场或委托他人到场配合海关查验。

（4）电子商务进出境货物、物品需转至其他海关监管场所验放的，应按照现行海关关于转关货物有关管理规定办理手续。

4. 跨境电子商务物品申报

2015 年，国家质量监督检验检疫总局（现国家市场监督管理总局）发布《中国（杭州）跨境电子商务综合试验区检验检疫申报与放行业务流程管理规范》，对跨境电子商务物品申报和物品放行做出规定。跨境电子商务物品符合以下情况即实行全申报。

（1）属于网购保税模式的入境物品，应由电子商务经营企业提前 7 个工作日向检验检疫机构进行申报。

（2）属于直邮模式的入境物品，应由电子商务经营企业提前 3 个工作日向检验检疫机构申报。

（3）电子商务经营企业在申报时应明确物品名称、入境数量、输入国别或地区、销售者名称等。

（4）出境物品提前申报，按照"先出后报，集中办理"的原则，电子商务经营企业根据需要每月集中向检验检疫机构办理相关手续。

5．跨境电子商务物品申报与检验检疫

以下商品禁止以跨境电子商务形式进境。

（1）《中华人民共和国进出境动植物检疫法》规定的禁止进境物。

（2）未获得检验检疫准入的动植物商品及动植物源性食品。

（3）列入《危险化学品目录》《危险货物品名表》《联合国关于危险货物运输建议书》《易制毒化学品的分类和品种名录》和《中国严格限制的有毒化学品目录》的物品。

（4）特殊物品（取得进口药品注册证书的生物制品除外）。

（5）含可能危及公共安全的核生化有害因子的商品。

（6）废旧物品。

（7）法律法规禁止进境的其他商品和国家质检总局（现国家市场监督管理总局）公告禁止进境的商品。

凡是符合检验检疫监督管理要求的跨境电子商务物品予以放行。对检疫不合格的物品，检验检疫机构可以进行检疫处理后放行。经检疫处理后仍未能满足检疫要求的，予以退运或者销毁。现场核查不符合要求的物品责成由电子商务相关企业进行整改，整改合格后予以放行。无法进行整改的，予以退运或者销毁。

7.3　跨境电子商务零售进口经营活动的特殊规定

2018 年 11 月，商务部、国家发展改革委、财政部等 6 部门联合发布《关于完善跨境电子商务零售进口监管有关工作的通知》，明确了跨境电子商务零售进口的参与主体与相关责任。

7.3.1　跨境电子商务零售进口经营活动的参与主体

跨境电子商务零售进口经营活动的参与主体如下。

（1）跨境电子商务零售进口经营者（简称跨境电子商务企业）：自境外向境内消费者销售跨境电子商务零售进口商品的境外注册企业，为商品的货权所有人。

（2）跨境电子商务第三方平台经营者（简称跨境电子商务平台）：在境内办理工商

登记，为交易双方（消费者和跨境电子商务企业）提供网页空间、虚拟经营场所、交易规则、交易撮合、信息发布等服务，设立供交易双方独立开展交易活动的信息网络系统的经营者。

（3）境内服务商：在境内办理工商登记，接受跨境电子商务企业委托，为其提供申报、支付、物流、仓储等服务，具有相应运营资质，直接向海关提供有关支付、物流和仓储信息，接受海关、市场监管等部门后续监管，承担相应责任的主体。

（4）消费者：跨境电子商务零售进口商品的境内购买人。

7.3.2　跨境电子商务企业的行为规范

有关跨境电子商务企业的行为规范的内容涉及以下几个方面。

1. 跨境电子商务企业

（1）承担商品质量安全的主体责任，并按规定履行相关义务。应委托一家在境内办理工商登记的企业，由其在海关办理注册登记，承担如实申报责任，依法接受相关部门监管，并承担民事连带责任。

（2）承担消费者权益保障责任，包括但不限于商品信息披露、提供商品退换货服务、建立不合格或缺陷商品召回制度、对商品质量侵害消费者权益的赔付责任等。当发现相关商品存在质量安全风险或发生质量安全问题时，应立即停止销售，召回已销售商品并妥善处理，防止其再次流入市场，并及时将召回和处理情况向海关等监管部门报告。

（3）履行对消费者的提醒告知义务，与跨境电子商务平台在商品订购网页或其他醒目位置向消费者提供风险告知书，消费者确认同意后方可下单购买。告知书应至少包含以下内容：①相关商品符合原产地有关质量、安全、卫生、环保、标识等标准或技术规范要求，但可能与我国境内标准存在差异，消费者自行承担相关风险。②相关商品直接购自境外，可能无中文标签，消费者可通过网站查看商品中文电子标签。③消费者购买的商品仅限个人自用，不得再次销售。

（4）建立商品质量安全风险防控机制，包括收发货质量管理、库内质量管控、供应商管理等。

（5）建立健全网购保税进口商品质量追溯体系，追溯信息应至少涵盖境外启运地至境内消费者的完整物流轨迹，鼓励向境外发货人、商品生产商等上游溯源。

（6）向海关实时传输施加电子签名的跨境电子商务零售进口交易电子数据，可自行或委托代理人向海关申报清单，并承担相应责任。

2. 跨境电子商务平台

（1）平台运营主体应在境内办理工商登记，并按相关规定在海关办理注册登记，接受相关部门监管，配合开展后续管理和执法工作。

（2）向海关实时传输施加电子签名的跨境电子商务零售进口交易电子数据，并对交易真实性、消费者身份真实性进行审核，承担相应责任。

（3）建立平台内交易规则、交易安全保障、消费者权益保护、不良信息处理等管理制度。对申请入驻平台的跨境电子商务企业进行主体身份真实性审核，在网站公示主体身份信息和消费者评价、投诉信息，并向监管部门提供平台入驻商家等信息。与申请入驻平台的跨境电子商务企业签署协议，就商品质量安全主体责任、消费者权益保障以及《关于完善跨境电子商务零售进口监管有关工作的通知》其他相关要求等方面明确双方责任、权利和义务。

（4）平台入驻企业既有跨境电子商务企业，也有境内电子商务企业的，应建立相互独立的区块或频道为跨境电子商务企业和境内电子商务企业提供平台服务，或以明显标识对跨境电子商务零售进口商品和非跨境商品予以区分，避免误导消费者。

（5）建立消费纠纷处理和消费维权自律制度，消费者在平台内购买商品，其合法权益受到损害时，平台须积极协助消费者维护自身合法权益，并履行先行赔付责任。

（6）建立商品质量安全风险防控机制，在网站醒目位置及时发布商品风险监测信息、监管部门预警信息等。督促跨境电子商务企业加强质量安全风险防控。当商品发生质量安全问题时，敦促跨境电子商务企业做好商品召回、处理，并做好报告工作。对不采取主动召回处理措施的跨境电子商务企业，可采取暂停其跨境电子商务业务的处罚措施。

（7）建立防止跨境电子商务零售进口商品虚假交易及二次销售的风险控制体系，加强对短时间内同一购买人、同一支付账户、同一收货地址、同一收件电话反复大量订购，以及盗用他人身份进行订购等非正常交易行为的监控，采取相应措施予以控制。

（8）根据监管部门要求，对平台内在售商品进行有效管理，及时关闭平台内禁止以跨境电子商务零售进口形式入境商品的展示及交易页面，并将有关情况报送相关部门。

3. 境内服务商

（1）在境内办理工商登记，向海关提交相关资质证书并办理注册登记。其中：提供支付服务的银行机构应具备国家金融监督管理总局（原银保监会）颁发的金融许可证，非银行支付机构应具备中国人民银行颁发的支付业务许可证，支付业务范围应包括"互联网支付"；物流企业应取得国家邮政局颁发的快递业务经营许可证。

（2）支付、物流企业应如实向监管部门实时传输施加电子签名的跨境电子商务零售进口支付、物流电子信息，并对数据真实性承担相应责任。

（3）报关企业接受跨境电子商务企业委托向海关申报清单，承担如实申报责任。

（4）物流企业应向海关开放物流实时跟踪信息共享接口，按照交易环节所制发的物流信息开展跨境电子商务零售进口商品的境内派送业务。对于境内实际派送与通关环节所申报物流信息（包括收件人和地址）不一致的，应终止相关派送业务，并及时向海关报告。

7.3.3　消费者的行为规范

（1）为跨境电子商务零售进口商品税款的纳税义务人。跨境电子商务平台、物流企业或报关企业为税款代扣代缴义务人，向海关提供税款担保，并承担相应的补税义务及法律责任。

（2）购买前应当认真、详细阅读电子商务网站上的风险告知书内容，结合自身风险承担能力做出判断，同意告知书内容后方可下单购买。

（3）对于已购买的跨境电子商务零售进口商品，不得再次销售。

7.3.4　政府监管

（1）海关对跨境电子商务零售进口商品实施质量安全风险监测，在商品销售前按照法律法规实施必要的检疫，并视情况发布风险警示。建立跨境电子商务零售进口商品重大质量安全风险应急处理机制，市场监管部门加大跨境电子商务零售进口商品召回监管力度，督促跨境电子商务企业和跨境电子商务平台消除已销售商品安全隐患，依法实施召回，海关责令相关企业对不合格或存在质量安全问题的商品采取风险消减措施，对尚未销售的按货物实施监管，并依法追究相关经营主体责任。对食品类跨境电子商务零售进口商品做好质量安全风险防控。

（2）原则上不允许对网购保税进口商品在海关特殊监管区域外采取"网购保税+线下自提"模式。

（3）将跨境电子商务零售进口相关企业纳入海关信用管理，根据信用等级不同，实施差异化的通关管理措施。对认定为诚信企业的，依法实施通关便利；对认定为失信企业的，实施严格监管措施。将高级认证企业信息和失信企业信息共享至全国信用信息共享平台，通过"信用中国"网站和国家企业信用信息公示系统向社会公示，并实施联合激励与惩戒。

（4）涉嫌走私或违反海关监管规定的跨境电子商务企业、平台、境内服务商，应配合海关调查，开放交易生产数据或原始记录数据。

（5）海关对参与制造或传输虚假"三单"信息、为二次销售提供便利、未尽责审核订购人身份信息真实性等，导致出现个人身份信息或年度购买额度被盗用、进行二次销售及其他违反海关监管规定情况的企业依法进行处罚。对涉嫌走私或违规的，由海关依法处理；构成犯罪的，依法追究刑事责任。对利用其他公民身份信息非法从事跨境电子商务零售进口业务的，海关按走私违规处理，并按违法利用公民信息的有关法律规定移交相关部门处理。对不涉嫌走私违规、首次发现的，进行约谈或暂停业务责令整改；再次发现的，一定时期内不允许其从事跨境电子商务零售进口业务，并按规定实施查处。

（6）对企业和个体工商户在境内市场销售的《跨境电子商务零售进口商品清单》范围内的、无合法进口证明或相关证明显示采购自跨境电子商务零售进口渠道的商品，市场监管部门依职责实施查处。

知识拓展

　　跨境电子商务中的"三单"是指能够实现跨境交易的商品订单、钱款支付单、物流运单。在通关过程中，跨境电子商务平台与海关联网，把"三单"信息推送给海关，海关将商品订单、钱款支付单、物流运单中的信息进行检验比对，这个过程叫作"三单对碰"。

7.4　跨境电子商务出口的监管方式

　　跨境电子商务出口的监管方式是以国际贸易中进出口货物的交易方式为基础，结合海关对进出口货物的征税、统计及监管条件综合设定的海关对进出口货物的管理方式。目前，我国实行的有 3 种跨境电子商务出口监管方式：9610 出口监管、9710 出口监管、9810 出口监管。跨境电子商务出口监管方式的代码由 4 位数字构成，前两位是按照海关监管要求和计算机管理需要划分的分类代码，后两位是参照国际标准编制的贸易方式代码。

7.4.1　9610 出口监管

　　海关监管代码 9610 全称"跨境贸易电子商务"，也就是 B2C 直接出口，是指企业直接面向境外消费者开展在线销售产品和服务，适用于跨境电子商务货物的出口。

　　9610 通关管理主要包括以下内容。

　　（1）填写商品、物流和支付信息，注册登记。

　　（2）数据传输。跨境电子商务零售商品出口申报前，跨境电子商务企业或其代理人、物流企业应当分别通过国际贸易"单一窗口"或跨境电子商务通关服务平台向海关传输交易、收款、物流等电子信息，并对数据真实性承担相应法律责任。

　　（3）报关手续。跨境电子商务零售商品出口时，跨境电子商务企业或其代理人应提交《申报清单》，采取"清单核放、汇总申报"方式办理报关手续；跨境电子商务综合试验区内符合条件的跨境电子商务零售商品出口，可采取"清单核放、汇总统计"方式办理报关手续。

　　（4）清单核放，汇总申报。跨境电子商务零售商品出口后，跨境电子商务企业或其代理人应当于每月 15 日前（当月 15 日是法定节假日或者法定休息日的，顺延至其后的第一个工作日），将上月结关的《申报清单》依据清单表头"8 个同一"规则进行归并，汇总形成《中华人民共和国海关出口货物报关单》向海关申报。

　　（5）8 个同一。同一收发货人、同一运输方式、同一生产销售单位、同一运抵国、同一出境关别，以及清单表体同一最终目的国、同一 10 位海关商品编码、同一币制的规则进行归并。

　　（6）清单核放、汇总统计。允许以"清单核放、汇总统计"方式办理报关手续的，不再汇总形成《中华人民共和国海关出口货物报关单》。

（7）适用汇总统计的商品。不涉及出口征税、出口退税、许可证件管理，且单票价值在人民币 5 000 元以内的跨境电子商务 B2C 出口商品。

7.4.2　9710 出口监管

海关监管代码 9710 全称"跨境电子商务 B2B 直接出口"，适用于 B2B 直接出口的货物。跨境电子商务 B2B 直接出口模式是指国内企业通过跨境电子商务平台开展线上商品、企业信息展示并与国外企业建立联系，在线上或线下完成沟通、下单、支付、履约流程，实现货物出口的模式。

选择 9710 的企业申报前需上传交易平台生成的在线订单截图等交易电子信息，并填写收货人名称、货物名称、件数、毛重等在线订单内的关键信息；提供物流服务的企业应上传物流电子信息；代理报关企业应填报货物对应的委托企业工商信息；在交易平台内完成在线支付的订单可选择加传其收款信息。

9710 有利于降低中小企业参与国际贸易门槛，使国内出口企业能够直接对话海外消费者和小企业这两大新客群，获取新的市场空间。

7.4.3　9810 出口监管

海关监管代码 9810 全称"跨境电子商务出口海外仓"。9810 模式是指国内企业通过跨境物流将货物以一般贸易方式批量出口至海外仓，经跨境电子商务平台完成线上交易后，货物再由海外仓送至境外消费者的一种货物出口模式，即跨境电子商务 B2B2C 出口，适用于跨境电子商务出口海外仓的货物。

选择跨境电子商务出口海外仓（9810）的企业申报前需上传海外仓委托服务合同等海外仓订仓单电子信息，并填写海外仓地址、委托服务期限等关键信息。出口货物入仓后需上传入仓电子信息，并填写入仓商品名称、入仓时间等关键信息。代理报关企业应填报货物对应的委托企业工商信息。

7.5　跨境电子商务税收政策

7.5.1　跨境电子商务零售出口税收政策

2013 年 12 月，财政部、国家税务总局发布《关于跨境电子商务零售出口税收政策的通知》，提出了对符合条件的电子商务出口货物实行增值税和消费税免税或退税政策，部分如下。

（1）电子商务出口企业属于增值税一般纳税人并已向主管税务机关办理出口退（免）税资格认定。

（2）出口货物取得海关出口货物报关单（出口退税专用），且与海关出口货物报关单电子信息一致。

（3）出口货物在退（免）税申报期截止之日内收汇。

（4）电子商务出口企业属于外贸企业的，购进出口货物取得相应的增值税专用发票、消费税专用缴款书（分割单）或海关进口增值税、消费税专用缴款书，且上述凭证有关内容与出口货物报关单（出口退税专用）有关内容相匹配。

对于部分电子商务出口企业出口货物，不符合上述规定条件，但同时符合下列条件的，适用增值税、消费税免税政策。

（1）电子商务出口企业已办理税务登记。

（2）出口货物取得海关签发的出口货物报关单。

（3）购进出口货物取得合法有效的进货凭证。

7.5.2　跨境电子商务零售进口税收政策

2016 年 3 月，财政部、海关总署、国家税务总局发布《关于跨境电子商务零售进口税收政策的通知》，决定自 2016 年 4 月 8 日起实施跨境电子商务零售进口税收政策并调整行邮税政策。2018 年 11 月，财政部、海关总署、税务总局印发《关于完善跨境电子商务零售进口税收政策的通知》，决定自 2019 年 1 月 1 日起，调整跨境电子商务零售进口税收政策，提高享受税收优惠政策的商品限额上限，扩大清单范围。具体内容如下。

（1）将跨境电子商务零售进口商品的单次交易限值由人民币 2 000 元提高至 5 000 元，年度交易限值由人民币 20 000 元提高至 26 000 元。

（2）完税价格超过 5 000 元单次交易限值但低于 26 000 元年度交易限值，且订单下仅一件商品时，可以自跨境电子商务零售渠道进口，按照货物税率全额征收关税和进口环节增值税、消费税，交易额计入年度交易总额，但年度交易总额超过年度交易限值的，应按一般贸易管理。

（3）已经购买的电子商务进口商品属于消费者个人使用的最终商品，不得进入国内市场再次销售；原则上不允许网购保税进口商品在海关特殊监管区域外开展“网购保税+线下自提”模式。

上述政策反映了国家为鼓励跨境电子商务发展对跨境电子商务采取的包容审慎的监管态度。

7.6　跨境电子商务纠纷解决制度

7.6.1　《贸易法委员会关于网上争议解决的技术指引》的起草目的与原则

跨境电子商务的纠纷解决是一个非常复杂的问题。各国都在积极探索和建立纠纷处理机制，明确处理流程和规则，积极保护消费者合法权益，维护经营者合法权益。2016 年 12 月，联合国通过了以中国代表团提案为基础的《贸易法委员会关于网上争议解决的技术指引》（简称《网上争议解决的技术指引》）文件。

起草《网上争议解决的技术指引》的目的是建立一种解决机制，促进网上争议解决的发展，协助网上争议解决管理人、网上争议解决平台、中立人以及网上争议解决程序各方当事人以简单、快捷、灵活和安全的方式解决争议。《网上争议解决的技术指引》反映了对网上争议解决系统采取的方针，这些方针体现了公正、独立、高效、实效、正当程序、公平、问责和透明原则。《网上争议解决的技术指引》着眼于使用电子通信订立的跨境低价值销售或服务合同所产生的争议。《网上争议解决的技术指引》并不倡导以任何网上争议解决做法作为最佳做法。

《网上争议解决的技术指引》是一部说明性文件，既不着眼于具有穷尽性或排他性，也不适合用作任何网上争议解决程序的规则。《网上争议解决的技术指引》并不提出对当事人或者对管理网上争议解决程序或者使之得以进行的任何人和（或）任何实体具有约束力的任何法律要求，也不意味着对当事人可能选用的任何网上争议解决规则做任何修改。

7.6.2 《网上争议解决的技术指引》的起草思路

两个交易人在跨境电子商务交易中发生争议，在调解不成功的情况下，以美国为代表的部分国家坚持仲裁为最后的解决方法（一轨道），而以欧盟为代表的部分地区和国家坚持认为必须给予消费者二次解决方案选择的机会（二轨道）。双方争执不下，对峙的局面持续了三年半。针对网上争议不同解决思路的激烈争论，中国代表团提出了"关于 ODR（Online Dispute Resolution，在线消费纠纷解决）一轨道和二轨道融合的设想——中国代表团的提案"。

一轨道和二轨道的优劣势可以从表 7-1 中反映出来。

表 7-1　一轨道和二轨道的优劣势比较

项目	一轨道	二轨道
有无约束力	有约束力	无约束力
适用群体	受到消费者保护规则的限制	不受消费者保护规则的限制
解决争议的程度	完全解决	调解不成功，形成没有约束力的建议
解决争议的成本和时间	需要一定的成本和时间	如果调解不成功，成本和时间无法估计，耗费的成本和时间一般多于仲裁

从表 7-1 的分析可以看出，一轨道和二轨道各有优点，也各有缺点。因此，中国代表团汲取两种轨道的优点，通过选择的方式将两种轨道合理地融合在一起（见图 7-2），提出继美国、欧盟提案后的第三提案。

2015 年 6 月，联合国国际贸易法委员会 A/70/17 号文件第 352 段明确要求："会议商定，今后任何案文都应利用在第三提案和其他提案上取得的进展。"《网上争议解决的技术指引》最终于 2016 年 12 月 13 日在联合国大会上通过。这是中国代表团在联合国国际经贸立法活动中第一次取得的重大突破，也是"中国积极参与全球治理体系改革和建设，践行共商共建共享的全球治理观"的成功实践。

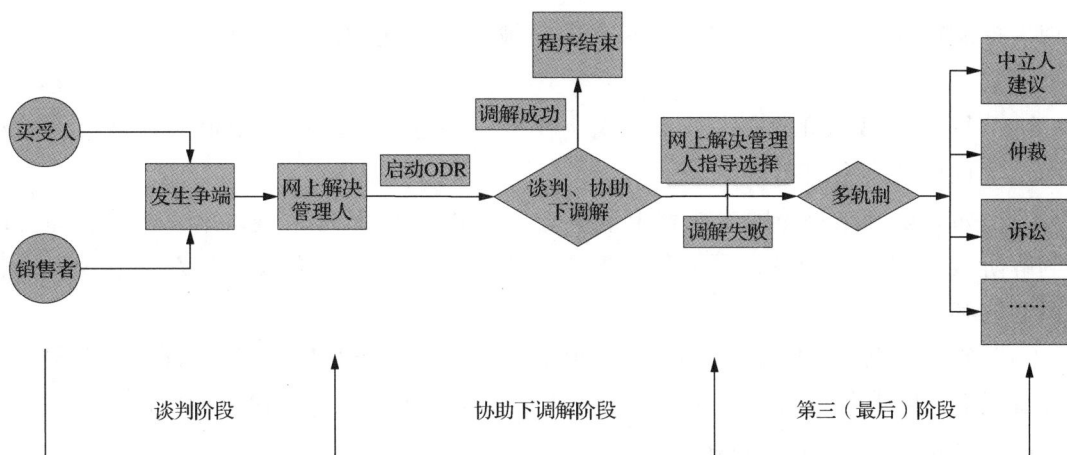

图 7-2　中国代表团关于 ODR 提案的设计思路

7.6.3 《网上争议解决的技术指引》的主要条款

1. 基本概念

跨境网上交易迅速增加，需要有对此种交易所产生争议的解决机制，其中的一种机制就是网上争议解决。

"网上争议解决"（Online Dispute Resolution，ODR）是一种争议解决机制，通过这种机制，借助电子通信以及其他信息和通信技术，便利各式各样传统的争议解决方式（包括但不限于谈判、调停、调解、仲裁、裁判和专家鉴定），依适用情况而定。

《网上争议解决的技术指引》所使用的"申请人"是指提起网上争议解决程序的当事人，"被申请人"是指接收申请人通知的当事人。这与传统的、非网上、非诉讼争议解决办法的用语一致。中立人是协助当事人调解争议或解决争议的个人。

网上争议解决要求有一个基于技术的中间环节。换言之，与非网上的非诉讼争议解决办法不同的是，网上争议解决程序是不可能在只有争议当事人和中立人（即没有管理人）的情况下专门实施的。相反，为了允许使用技术手段，从而能够进行争议调解程序，网上争议解决过程要求必须有一套以确保数据安全的方式生成、发送、接收、存储、交换或以其他手段处理通信的系统。这种系统在此处称作"网上争议解决平台"。

网上争议解决平台应当是加以管理和协调的。执行此种管理和协调功能的实体在此处称作"网上争议解决管理人"。网上争议解决管理人可以独立于网上争议解决平台，也可以是平台的组成部分。

2. 网上争议解决程序的主要阶段

网上争议解决程序的过程可由不同阶段组成，其中主要包括谈判、协助下调解、第三（最后）阶段。

跨境电子商务交易发生争议，申请人首先通过网上争议解决平台向网上争议解决管理人提交通知，网上争议解决管理人即向被申请人通知申请事宜，并向申请人通知答复事宜。

（1）程序的第一阶段——技术导引下谈判。在这一阶段中，申请人和被申请人经由网上争议解决平台直接谈判。

（2）如果谈判未果（即未能就申请事宜达成和解），程序可进入第二阶段，即协助下调解阶段。在这一阶段，网上争议解决管理人指定一位中立人与各方当事人沟通，以图达成和解。

（3）如果协助下调解未果，可以启动网上争议解决程序的第三阶段即最后阶段，在这种情况下，网上争议解决管理人或中立人可向当事人告知这一阶段的性质。

3．网上争议解决程序的启动

为开始网上争议解决程序，由申请人向网上争议解决管理人发送一份载有下列内容的通知。

（1）申请人和授权代表申请人行事的申请人代表（如果有的话）的名称和电子地址。

（2）申请人所了解的被申请人以及被申请人代表（如果有的话）的名称和电子地址。

（3）提出申请的依据。

（4）为解决争议提出的任何办法。

（5）申请人首选的程序语文①。

（6）申请人和（或）申请人代表的签名或其他身份识别和认证手段。

申请人将通知发送给网上争议解决管理人后，网上争议解决管理人通知各方当事人可在网上争议解决平台检索该通知之时，可视为网上争议解决程序启动的时间。

被申请人在被通知可在网上争议解决平台检索申请人通知的合理时限内向网上争议解决管理人发送其答复，并且该答复包括下述内容。

（1）被申请人和授权代表被申请人行事的被申请人代表（如果有的话）的名称和电子地址。

（2）对提出申请的依据的答复。

（3）为解决争议提出的任何办法。

（4）被申请人和（或）被申请人代表的签名和（或）其他身份识别和认证手段。

（5）载明反请求所依据的理由的任何反请求通知。

4．谈判

第一阶段可以是当事人之间经由网上争议解决平台进行谈判。

程序第一阶段的启动时间可以是在被申请人的答复发至网上争议解决平台之后，并且满足下列条件。

---

① 这里的"程序语文"指网上争议解决所采用的语言。

（1）该答复的通知已发给申请人。

（2）不做答复的，通知发给被申请人后的一段合理时间内。

谈判未在合理时限内达成和解的，程序进入下一阶段。

5．协助下调解

网上争议解决程序第二阶段可以是协助下调解，在这一阶段指定一位中立人，由其与各方当事人沟通，设法达成和解。

如果经由平台的谈判由于任何原因（包括未参加或者未在某一合理时限内达成和解）未果，或者争议一方或双方请求直接进入程序下一阶段，则这一阶段即可启动。

程序的协助下调解阶段启动时，可取的做法是：由网上争议解决管理人指定一位中立人，通知各方当事人该指定事宜，并提供关于中立人身份的某些具体情况。

在协助下调解阶段，中立人与各方当事人沟通，设法达成和解。

未能在合理时限内实现协助下和解的，程序可以进入最后阶段。

6．最后阶段

中立人协助调解未成功的，可取的做法是：网上争议解决管理人或中立人向当事人告知最后阶段的性质以及这一阶段可采取的形式。

这里可采取的形式包括但不限于监察员、投诉局、谈判、调解、调停、协助下调解、仲裁及其他，以及采用既含网上部分又含非网上部分的混合程序的可能性。

7.6.4　国际合作

加强有关国际合作的规范，有利于我国跨境电子商务更快发展。《电子商务法》第七十三条规定，国家推动建立与不同国家、地区之间跨境电子商务的交流合作，参与电子商务国际规则的制定，促进电子签名、电子身份等国际互认。国家推动建立与不同国家、地区之间的跨境电子商务争议解决机制。

课后练习

一、选择题

1．（单选）《民法典》第五百九十四条规定：因国际货物买卖合同和技术进出口合同争议提起诉讼或者申请仲裁的时效期间为（　　）年。

　　A．二　　　　　　　B．三　　　　　　　C．四　　　　　　　D．五

2．（多选）跨境电子商务经营者经营活动的一般要求有（　　）。

　　A．实名登记和注册

　　B．备案、通关信息申报或联网、数据共享

　　C．交易警示与协助

　　D．商品报关

　　E．信息保存

二、填空题

1. 跨境电子商务交易主体即直接参与交易的相关方，包括_____、_____、_____。

2. 对跨境电子商务交易活动进行监管的机构主要包括_____、_____、_____、_____、_____。

三、简答论述题

1. 简述跨境电子商务的概念和市场范围。

2. 简述跨境电子商务交易过程的主要环节。

3. 试论述跨境电子商务经营者经营活动的一般要求。

4. 试述跨境电子商务电子通关监管的一般要求。

5. 试述跨境电子商务零售进口税收政策。

6. 什么是网上争议解决？网上争议解决主要包括哪几个阶段？

四、案例分析题

结合本章引导案例，说明从事跨境电子商务零售业务的企业应当注意什么问题。

第8章
移动电子商务法律规范

随着智能终端普及率的提高、网络信号覆盖面的拓宽以及移动端上网体验的改善，用户流量向移动端转移趋势更加明显。截至 2022 年 12 月，我国手机网民规模达 10.65 亿，网民中使用手机上网的人群占比提升至 99.8%。与此同时，网民利用手机开展电子商务交易活动的使用率在快速提高，从而展现出移动电子商务广阔的市场前景。本章主要介绍移动电子商务参与各方的法律关系，阐述移动电子商务的主要法律规范。

学习目标

1. 掌握移动电子商务的概念、应用层次及主要业务领域。
2. 掌握移动电子商务参与方的关系。
3. 掌握移动电子商务经营活动的主要规范。
4. 了解典型移动电子商务应用中的法律规范。

引导案例：以"高额返现"为诱饵欺骗 40 余万名用户

2016 年，吕某、董某等人在互联网搭建某商城网络平台，以卓×公司的名义注册微信公众号，在公众号中宣传该商城及其分红模式，如"关注就是股东，分享就分红""不花一分钱，挑战 33 万元""超级股东享有下线消费的三级分红"等，以推广返利、购物返现等高额回报为诱饵吸引会员加入，进而以三级分销佣金等为诱饵吸引会员以缴纳费用或购买商品等方法成为超级 VIP，并将全部会员按照发展顺序组成层级。

该商城通过拉人头、赚奖励、卖积分的方式开展传销活动，注册会员 40 余万人，发展下线会员层级 65 级，仅 2016 年 1 月至 2016 年 6 月 17 日经营总额就达到 68.8 亿元，收入总额为 17.4 亿元。案发时该商城资金余额为 3.5 亿元，待支付项目合计已达 10.2 亿余元，且大部分交易为虚拟交易。

2017 年 8 月 25 日，山东省××市中级人民法院二审判决，吕某犯组织、领导传销活动罪，判处有期徒刑八年，并处罚金人民币 1 000 万元。被告人董某犯组织、领导传销活动罪，判处有期徒刑二年，缓刑三年，并处罚金人民币 3 万元。

腾讯微信团队对此案表示，微信具有连接服务的能力，大众常见的所谓售卖行为和交易事实上并不是在微信上完成的，而是各个应用借助微信的连接服务能力实现的扩展，每个账号都是独立的个体。但腾讯反对任何违法违规行为在微信平台出现，也会配合相关执法对违法违规行为进行严厉打击，2015—2016 年已经处理欺诈封号超过 10 万个。鉴于用户反映的问题，微信将严格限制返利类商户接入，或拒绝其使用平台接口，同时提醒用户，不要相信任何天上掉馅饼的事情，以免上当受骗。

8.1 移动电子商务的概念、应用层次及主要业务领域

8.1.1 移动电子商务的概念

移动电子商务是基于无线网络，运用移动通信设备，如手机进行的商品交易或服务交易。从另一角度看，移动电子商务也可以定义为移动通信网络为用户提供的网络交易类增值服务。

相对于其他电子商务模式，移动电子商务增加了移动性和终端的多样性。无线系统允许用户访问移动网络覆盖范围内任何地方的服务，用户可通过对话交谈和文本文件直接沟通。随着移动电话的广泛使用，小的手持设备将比个人计算机具有更广泛的用户基础。用户至少可以从移动电子商务中享受到以下 4 个方面的好处。

（1）方便：用户在需要时能够随时访问电子商务网站，因此能够在任何时间、任何地点进行电子商务交易和支付。

（2）灵活：用户可以根据个人需要灵活地选择访问和支付方式。

（3）安全：移动终端的即时沟通功能能够确保移动电子商务交易具有很高的安全性。

（4）熟悉：用户可以使用他们非常熟悉的移动电话作为交易和支付工具，并且可以根据自己的爱好设置个性化的信息格式。

8.1.2 移动电子商务的基本架构

移动电子商务由终端类型、交易平台、采用网络和应用领域四个模块组合而成，如图 8-1 所示。

由图 8-1 所示，移动电子商务各模块可以做如下细分。

（1）终端类型：按照交易连接网络所使用的终端，可以分为通过手机、移动计算机和其他移动设备连接。

（2）交易平台：按照交易所依赖的电子商务交易平台，可以分为 B2B 平台、B2C 平台、C2C 平台等类型。

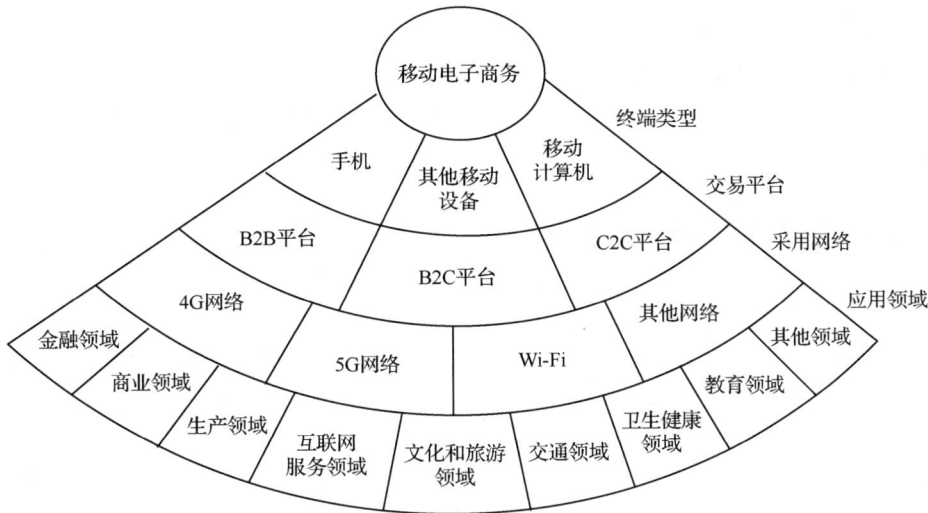

图 8-1 移动电子商务的基本架构

（3）采用网络：依据交易所借助的通信网络类型，可以分为 4G 网络、5G 网络、Wi-Fi 和其他网络。

（4）应用领域。移动电子商务的应用领域非常广泛，几乎覆盖了人们生活的各个领域，在不同领域都可以找到移动电子商务的独特应用。

8.1.3 移动电子商务的主要业务领域

移动电子商务的主要业务领域可以分为六类，分别为网上银行与移动支付、贸易和购物、在线旅游代理、社交与广告、娱乐业、生活服务。

（1）网上银行与移动支付。在移动电子商务中，网上银行服务允许消费者使用数字签名和认证管理个人账户信息，管理银行账户或支付、转移资金，支付购买商品和服务的各种支出。支付宝、微信支付、银联支付等已经成为居民生活中不可或缺的一部分。

（2）贸易和购物。移动电子商务已经成为居民生活的一个重要组成部分。天猫、京东等移动购物平台成为居民的首选。企业与企业之间的交易，有很大一部分也转移到移动平台上。

（3）在线旅游代理。在线移动旅游通过移动设备提供旅游预订、导航、攻略等服务，如携程、去哪儿等在线旅游平台。订购票业务，包括订票、购票、支付和开电子门票等广泛应用于航空、铁路、影剧院、体育比赛等。

（4）社交与广告。移动社交电商利用微信、短视频、网络等媒介平台，通过分享、沟通、讨论以及互动等方式与用户进行商品交易或提供服务。例如，小红书、抖音等移动平台大量吸引了用户的驻留浏览，用户具有很强的广告传播力。

（5）娱乐业。随着人们生活节奏的加快，网络游戏、在线视频和其他移动网上娱乐活动大面积普及，特别是在青年群体中盛行。同时，云游戏与直播、智能车载加速融合，成为网络游戏新的发展方向。

（6）生活服务。网约车和共享单车，已成为居民出行的得力帮手。美团、大众点评、饿了么等受到人们，特别是白领阶层的青睐。在线问诊、预约挂号、在线培训等也都受到人们的广泛欢迎。

8.2 移动电子商务的参与方

从移动电子商务参与方的相互关系（见图 8-2）可以看出，移动电子商务相关方主要包括移动用户、移动终端生产商、移动通信运营商、移动电子商务平台经营者、移动电子商务平台内经营者和商品/服务提供商（独立的移动电子商务经营者）。

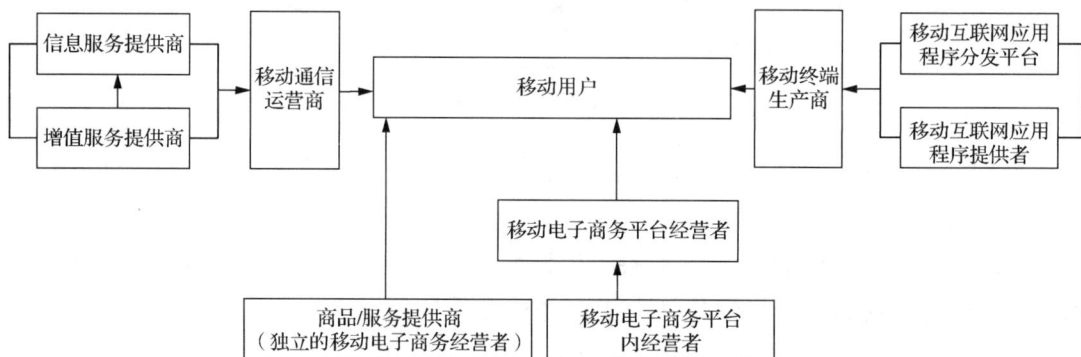

图 8-2 移动电子商务参与方的相互关系图

移动终端设备指能够供个人直接使用的移动通信设备，如手机等。移动互联网应用程序提供者和应用程序分发平台提供应用商店、快应用中心、互联网小程序、动态加载等服务。

移动通信运营商是指提供移动电子商务网络接入服务的通信服务提供商，包括信息服务提供商和增值服务提供商。

移动电子商务经营者是电子商务经营者中的一个特殊分类，它是指利用移动终端设备从事销售商品或者提供服务的经营活动的自然人、法人和非法人组织。同样包括移动电子商务平台经营者、平台内经营者以及通过自建网站、其他网络服务销售商品或者提供服务的移动电子商务经营者。

8.3 移动电子商务经营活动的主要规范

8.3.1 移动互联网应用程序管理

移动互联网应用程序是指通过预装、下载等方式获取并运行在移动智能终端上、向用户提供信息服务的应用软件。

根据国家互联网信息办公室《移动互联网应用程序信息服务管理规定》的规定，通过移动互联网应用程序提供信息服务，应当依法取得法律法规规定的相关资质。

移动互联网应用程序提供者和应用程序分发平台不得利用移动互联网应用程序从事危害国家安全、扰乱社会秩序、侵犯他人合法权益等法律法规禁止的活动，不得利用移动互联网应用程序制作、复制、发布、传播法律法规禁止的信息内容。

移动互联网应用程序提供者应当对应用程序提供者进行真实性、安全性、合法性等审核，建立信用管理制度，并向所在地（省、自治区、直辖市）互联网信息办公室分类备案；督促应用程序提供者保护用户信息，完整提供应用程序获取和使用用户信息的说明，并向用户呈现；督促应用程序提供者发布合法信息内容，建立健全安全审核机制，配备与服务规模相适应的专业人员；督促应用程序提供者发布合法应用程序，尊重和保护应用程序提供者的知识产权。

> **知识拓展**
>
> 应用程序信息服务是指通过应用程序向用户提供文字、图片、语音、视频等信息制作、复制、发布、传播等服务的活动，包括即时通信、新闻资讯、知识问答、论坛社区、网络直播、电子商务、网络音视频、生活服务等类型。应用程序分发服务是指通过互联网提供应用程序发布、下载、动态加载等服务的活动，包括应用商店、快应用中心、互联网小程序平台、浏览器插件平台等类型。应用程序提供者发现应用程序存在安全缺陷、漏洞等风险时，应当立即采取补救措施，按照规定及时告知用户并向有关主管部门报告。应用程序分发平台应当对申请上架和更新的应用程序进行审核，发现应用程序名称、图标、简介存在违法和不良信息，与注册主体真实身份信息不相符，业务类型存在违法违规等情况的，不得为其提供服务。

8.3.2　移动通信运营商管理

移动通信运营商是指提供移动通信业务的服务部门。国内有三大通信运营商：中国移动、中国联通、中国电信。

1. 信息管理

移动通信运营商应执行国家关于信息管理的规范，不得使用专属短号码发送商业推广信息；依照国家规定履行监管责任，不得自行发送未经用户请求的商业信息；不准未经用户请求或者同意强行发送信息（所谓手机预告）。

移动通信运营商可以读取用户地理位置信息并发送提示行政区域变化的信息，但不得主动推送商业信息，政府或者其他公共服务部门发布的公益信息除外。

在移动通信运营商平台提供服务的第二类增值电信业务，由移动通信运营商受理和处理投诉，并跟踪反馈。

2. 安全保障

移动通信运营商应当开通实名制手机挂失的数据库，供银行、第三方支付等机构查询、核实，防止实名制手机被盗用作身份验证工具。经营者应当为移动终端设备在遗失、失窃等情况下提供快捷的挂失方法，并且保持业务系统挂失及止损业务服务 24 小时正常运行，用户挂失后未及时处理导致用户损失的，不得以格式合同条款不公平地要求用户承担损失。

服务于移动电子商务的移动通信运营商的客服和投诉应开通 7×24 小时在线投诉或者电话值班服务，未及时受理挂失造成用户损失的，应当依法承担责任。

通过电子标签或者其他技术方式对商品进行跟踪监控，可能导致用户泄露位置或隐私的，应当对用户进行提示。

8.3.3 移动电子商务平台经营者管理

1. 相关职责

移动电子商务平台经营者应当履行下列责任。

（1）核对验证移动电子商务平台内经营者的身份证明、联系方式和法律文件送达地址并定期复核。

（2）与移动电子商务平台内经营者签订书面协议，应具备售后服务、投诉处理、争端解决等必要内容。

（3）制定并公布平台的《用户协议》和商业规则。

（4）制定并公布知识产权保护规则，并提供知识产权权利人投诉的通知入口。

（5）在显著位置提供客户服务的入口及联系方式。

2. 业务规定

（1）移动电子商务平台经营者对自身或者关联企业提供的服务应与其他服务隔离，不得滥用自身优势地位。

（2）免费软件服务不能免除移动电子商务平台经营者对知识产权的合理谨慎的注意义务；参与收费软件下载分成的，应当承担比免费软件下载更大的知识产权保护义务。

（3）就移动电子商务合同成立、生效具体内容举证有差异的，采用第三方数据存管的，以第三方数据为准；无第三方数据的，服务商承担举证责任。

（4）移动商务的用户协议、个人信息及隐私保护政策、知识产权保护政策在修改前应当公布，并提供历史修改版本和时间。

（5）在移动电子商务发生争议或者投诉时，用户可以凭截屏、打印文件作为投诉的初步证据。运营商对事实有异议的，应当提供系统原始记录文件。

8.3.4 移动电子商务平台内经营者管理

移动电子商务平台内经营者属于电子商务经营者，应当遵循《电子商务法》对电子商务经营者的一般规定。

移动电子商务平台内经营者主要分为两类：一类是依托台式终端设备电子商务销售平台进一步开发的移动电子商务销售平台，这类经营者已经有了比较成熟的管理规则和办法；另一类是通过微信、QQ、微博等移动端开展商务活动的微商。

微商是移动电子商务平台内经营者中一种新型的并具有特殊形式的经营者。微商是指通过微信、QQ、微博等移动端进行的商品或服务活动的集合，同时也指所有从事这个行业的从业者。

微商的操作模式基本可以分为两种：一种是微信商城（例如，有赞、微信小店等），类似于 B2C 电子商务模式；另一种是朋友圈卖货，类似于 C2C 电子商务模式，主要通过朋友圈进行商品的展示和销售，这种微商通常又称为"朋友圈微商"，是微商行业中的主流类别。微商以代购、非标准商品的分享购买为主要形态，品类以化妆品、母婴用品、养生保健品，以及高端农产品、高端零食、古董文玩为主要代表。

微商交易中的特殊问题有 3 个。

（1）朋友圈交易模式导致消费维权和售后保障很难。微商通过朋友圈、"粉丝"群等开展"熟人交易"，卖家的身份基本未进行实名信息审核，导致对违法主体追责难，售后服务和消费维权难。

（2）特有的广告营销方式导致广告违法问题突出。社交平台广告投放简单，成本低廉，形式多样，导致垃圾广告泛滥，虚假宣传广告盛行，虚构交易、编造用户评价等问题泛滥。

（3）移动社交平台监管不到位。微商提供平台认为，平台只是提供了一个社交和通信渠道，使用者利用平台发布商品信息、销售商品，由此产生的法律责任与平台无关。但从《电子商务法》对平台经营者监管的角度看，无论是微信还是微博，只要社交平台经营者为平台上的卖家提供了服务，平台就应该承担相应的责任和义务。

针对上述问题，需要加强以下 4 个方面的工作。

（1）落实《电子商务法》，推动移动电子商务平台切实履行相关责任义务，包括严格履行移动电子商务平台内经营者真实身份审核，加强对经营信息发布、商品销售等经营行为的审查，健全和完善交易信息保存制度，及时解决消费纠纷。

（2）探索建立多部门联动机制，加强协同建立多元共治的社会共治监管体系。移动电子商务涉及多个部门，对内要进一步明确各业务部门的监管职责，加强跨省市、跨地区监管协作，实现从上到下资源共享、协查协办、指挥协调、上下联动。

（3）探索建立与社交网络平台运营者的信息协作机制和技术合作机制，加强虚假信息防控和商品质量监测。在社交网络上传播商品信息，准入门槛低，人人都是信息的发布者与接收者。因此，移动电子商务平台经营者要与社交网络平台运营者共同建立有效的商品信息管控机制，强化信息发布控制，加强构建媒体的诚信体系；市场监管部门应制定监管标准，积极探索商品监管技术手段，一旦发现违规行为，应协同移动电子商务平台经营者立即停止商品销售或者对入驻的商户采取控制措施。

（4）加强执法，严厉打击各种损害消费者权益的行为。根据消费者投诉的重点区域、重点行业、重点商品，适时组织开展专项整治行动，重点查处社会及媒体高度关注的违法违规行为。

8.4 典型移动电子商务应用的法律规范

8.4.1 移动支付

1. 基本情况

移动支付也称手机支付，它是允许用户使用其移动终端（通常是手机）对所消费的商品或服务进行账务支付的一种服务方式。移动支付主要分为近场支付和远程支付两种。所谓近场支付，就是用手机刷卡的方式乘车、购物等。远程支付是指通过发送支付指令进行支付。

移动支付是电子支付的一种类型，支付宝支付和微信支付是移动支付的两个典型。本书图 5-5 给出了移动支付的详细流程。

根据中国人民银行"2022 年支付体系运行总体情况"，2022 年中国移动支付业务 1 585.07 亿笔，同比增长 4.81%，金额 499.62 万亿元，同比下降 5.19%。在国内，移动支付场景扩展至生活便民的方方面面，第三方移动支付企业发展迅速，支付宝支付、微信支付、京东支付等快速成长；在国外，中国移动支付业务扩张趋势明显。金融机构和支付平台积极探索实施"移动支付+"模式，将移动支付与各类生活场景、适老化服务、政务办理、乡村振兴等有机融合，持续提升了移动支付便民服务水平，有效服务社会民生和实体经济发展。

2. 移动支付面临的主要法律风险

（1）用户信息及隐私安全风险。应用移动支付的前提是用户必须以实名方式注册，提交自己的详细信息。银行、运营商、第三方网络机构等都存在对用户的信息与隐私保管不善，被不法分子窃取的可能。一些机构在利益的驱使下，会利用客户的信息制造商业机会或者进行商业推销等。

（2）账户资金安全的法律风险。从目前的情况来看，我国的移动支付平台大多以智能手机为载体，智能手机依托于先进的网络技术，而网络技术本就具有一定的安全隐患，一些不法分子会利用这种漏洞来窃取用户的资金，产生这种状况的主要原因是用户的安全意识不强，没有对自身的密码、账号、身份证信息等进行妥善的保管，从而引发一系列的资金安全问题。例如，现阶段一些不法分子会伪装成淘宝客服与用户交谈，在交谈的过程中提出一些优惠策略来激发用户的购买欲望，但是在购买之前，需要用户提供个人信息，之后不法分子则可以利用虚假的身份进行开户，造成用户账户资金不安全的法律风险。

（3）金融法律风险。在移动支付的过程中，经常出现行为人利用移动支付的交易规则、技术漏洞、监管缺位等实施破坏金融管理秩序等违法犯罪行为。一些犯罪分子利用移动支付的自由交易及信息保护不完善实施破坏金融管理秩序犯罪，主要涉及洗钱罪和信用卡诈骗罪。

3. 移动支付风险的防范

（1）应用移动支付标准。2012 年至 2022 年，围绕移动支付、非银行支付，我国制定发布了 74 项金融标准，涵盖标识编码、安全规范、接口要求、受理终端、支付应用、联网联合、检测规范等环节。同时，采用"金融标准+检测认证"方式，规范了事前准入和事中监管。我国对电子商务整个产业链，包括清算机构、银行、非银行支付机构、芯片厂商、终端厂商、商户等应严格实施相关标准，构建良好的金融生态环境，保障移动支付健康快速发展。

（2）加强对移动支付行业的两个主角的管理。移动通信服务提供者和移动支付服务提供者是移动支付行业的两个主角。移动通信服务提供者应当遵守工业和信息化部《电信服务规范》的规定，实现通信业务的准确性、有效性和安全性。移动支付服务提供者应依法取得支付业务许可证，遵循主要服务电子商务发展和为社会提供小额、快捷、便民小微支付服务的宗旨，按照规定为客户开立支付账户并提供网络支付服务。自 2018 年 6 月 30 日起，支付机构受理的涉及银行账户的网络支付业务全部通过网联平台处理，网联平台将成为第三方支付机构服务的专门的支付清算平台，任何第三方支付机构想要接入银行、用户进行跨行转账，网联平台都将掌握具体商品交易信息和资金流向，防范洗钱、挪用备付金等行为，并对第三方支付行业的风险进行有效管控。同时，网络通信服务提供者和移动支付服务提供者应该就监测移动支付违法犯罪问题建立协同监测平台，并与执法平台协作，对诈骗、洗钱等违法犯罪活动和异常交易记录进行实时监测，受理用户对违法犯罪活动的举报，及时将犯罪情况通报警方，开展执法协助。

（3）增强移动电子商务经营者的风险意识。移动电子商务经营者使用移动支付业务，应慎重选择具有支付清算业务资质的银行或者支付企业。利用条码支付（主要是二维码支付）时，移动电子商务经营者应当按照中国人民银行《条码支付业务规范（试行）》的规定，接受银行及其他支付机构的管理，签订条码支付受理协议，就银行结算账户的设置和变更、资金结算周期、结算手续费标准、差错和争议处理等条码支付服务相关事项进行约定，明确双方的权利、义务和违约责任。

（4）妥善解决未授权支付和错误或迟延支付。移动支付的当事人众多，交易过程快捷，无纸化，一旦发生未授权移动支付，难以迅速辨别哪一环节出了问题。移动运营商、银行和支付平台运营商等应承担举证责任，证明自己已经履行了保证客户信息安全的义务。在移动支付中一旦发生错误或者迟延支付，当事人应采取相应的补救措施减少损失。如果客户因自己的错误导致错误或者迟延支付，就由自己承担相应的法律责任。

知识拓展

条码支付（主要是二维码支付）是移动电子商务经营者常用的方式。在该支付方式下，移动电子商务经营者把账号、商品价格等交易信息汇编成二维码，印刷在各种载体上发布。用户通过手机客户端扫描二维码，便可实现支付结算。条码支付业务包括付款扫码和收款扫码。付款扫码是指付款人通过移动终端识读收款人展示的条码完成支付的行为。收款扫码是指收款人通过识读付款人移动终端展示的条码完成支付的行为。

8.4.2 网约车

1. 网约车的运作流程

网约车是网络预约出租汽车的简称。按照交通运输部、工业和信息化部等 6 部门发布的《网络预约出租汽车经营服务管理暂行办法》的定义，网约车经营服务是指以互联网技术为依托构建服务平台，整合供需信息，使用符合条件的车辆和驾驶员，提供非巡游的预约出租汽车服务的经营活动。网络预约出租汽车经营者（简称网约车平台公司）是指构建网络服务平台，从事网约车经营服务的企业法人。

图 8-3 所示为某网约车平台公司的基本运作流程。

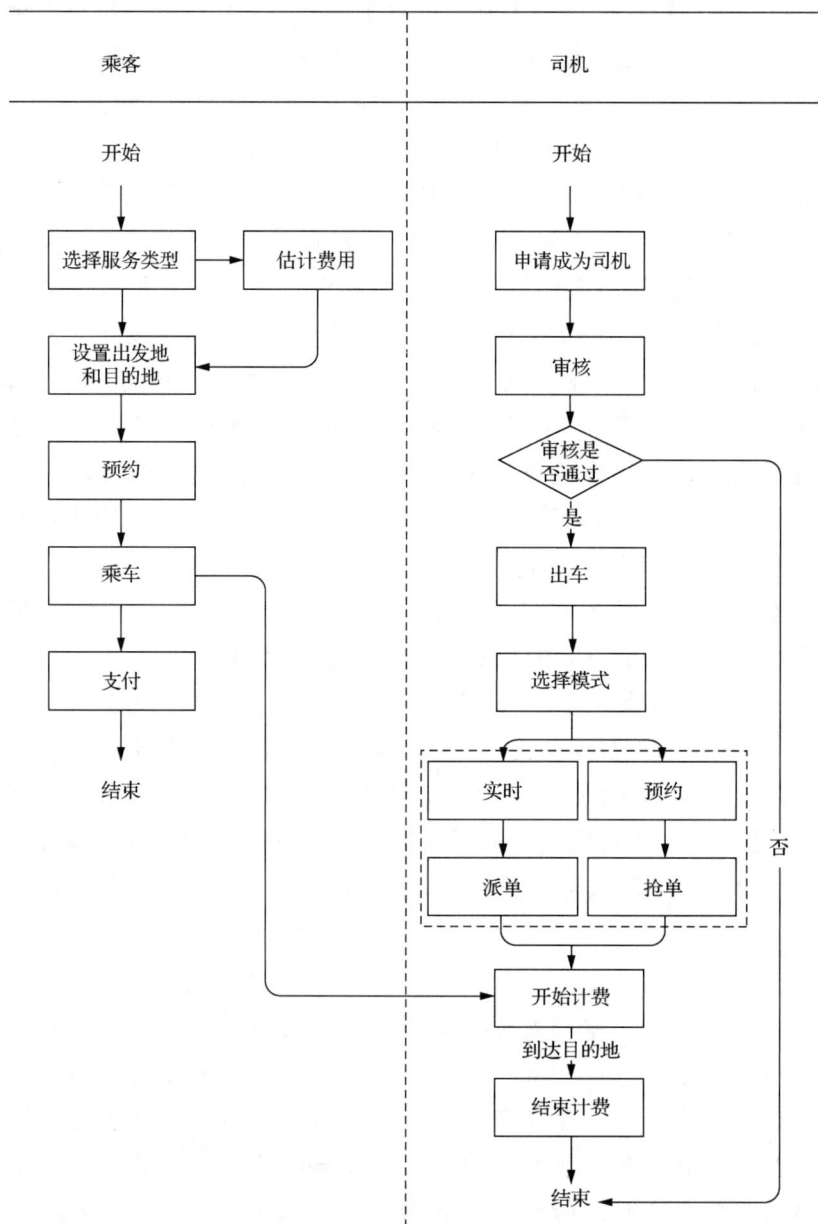

图 8-3 某网约车平台公司的基本运作流程

2．与网约车运作相关的法律规范

交通运输部、工业和信息化部等 6 部门发布的《网络预约出租汽车经营服务管理暂行办法》从以下 5 个方面对网约车运作做出了规范。

（1）网约车平台公司。申请从事网约车经营的企业，应具有企业法人资格，获得相应出租汽车行政主管部门批准，具备开展网约车经营的互联网平台和与拟开展业务相适应的信息数据交互及处理能力，具备供交通、通信、公安、税务、网信等相关监管部门依法调取查询相关网络数据信息的条件，有符合规定的网络安全管理制度和安全保护技术措施；与银行、非银行支付机构签订提供支付结算服务的协议；有健全的经营管理制度、安全生产管理制度和服务质量保障制度；在服务所在地有相应服务机构及服务能力。

（2）网约车车辆。拟从事网约车经营的车辆应是 7 座及以下乘用车，安装具有行驶记录功能的车辆卫星定位装置、应急报警装置，车辆技术性能符合运营安全相关标准要求。

（3）网约车驾驶员。从事网约车服务的驾驶员应取得相应准驾车型机动车驾驶证并具有 3 年以上驾驶经历；无交通肇事犯罪、危险驾驶犯罪记录，无吸毒记录，无饮酒后驾驶记录，最近连续 3 个记分周期内没有记满 12 分记录，无暴力犯罪记录。

（4）网约车经营行为。网约车平台公司承担承运人责任，应当保证运营安全，保障乘客合法权益；应当保证提供服务的驾驶员具有合法从业资格，与驾驶员签订多种形式的劳动合同或者协议，明确双方的权利和义务；应当公布确定符合国家有关规定的计程计价方式，明确服务项目和质量承诺，建立服务评价体系和乘客投诉处理制度；不得有为排挤竞争对手或者独占市场，以低于成本的价格运营扰乱正常市场秩序，损害国家利益或者其他经营者合法权益等不正当价格行为，不得有价格违法行为；应当加强安全管理，落实运营、网络等安全防范措施。

（5）监督检查。出租汽车行政主管部门应当建设和完善政府监管平台，实现与网约车平台信息共享；加强对网约车市场监管，加强对网约车平台公司、车辆和驾驶员的资质审查与证件核发管理；定期组织开展网约车服务质量测评，并及时向社会公布本地区网约车平台公司基本信息、服务质量测评结果、乘客投诉处理情况等信息；建立网约车平台公司和驾驶员信用记录，并纳入全国信用信息共享平台；监督检查网络安全管理制度和安全保护技术措施的落实情况，防范、查处有关违法犯罪活动。

8.4.3　共享单车

1．共享单车的运作流程

互联网租赁自行车（俗称"共享单车"）一般是指企业或政府在地铁站点、公交站点、居民区、商业区、校园等人口密集或人流量较高的公共区域提供的可供客户分时使用的自行车。共享单车的服务模式是一种典型的共享经济模式。

共享单车是"互联网＋经济"的产物，其更准确的定义应当为"移动互联网分时租赁自行车"，即基于移动互联网与大数据技术，通过手机 App 完成用车需求与单车供给的精准匹配，实现即时用车并以用车时间为结算依据的分时租赁型自行车。

共享单车的运作流程拓扑图如图 8-4 所示。

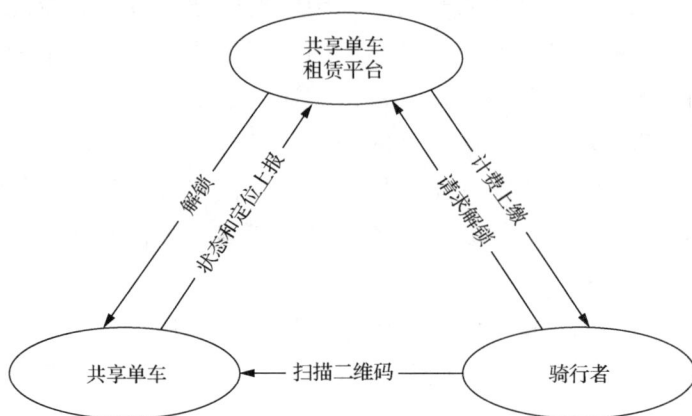

图 8-4　共享单车的运作流程拓扑图

2. 共享单车应用中的管理规范

从实践来看，共享单车为城市治理带来的辅助优势是显而易见的。面对雾霾困扰、拥堵的城市交通，这种使用便捷、以短程骑行为主和注重用户体验的互联网新型业态，对解决城市公共交通问题，特别是城市交通"最后一公里"问题，解决城市空气污染问题，构建绿色低碳交通体系发挥了巨大的积极作用；但同时也引发了车辆乱停乱放、车辆运营维护不到位、企业竞争无序、企业主体责任落实不到位、信息安全风险等亟待规范的问题。

2017 年 8 月 2 日，交通运输部、中央宣传部等 10 部门联合出台《关于鼓励和规范互联网租赁自行车发展的指导意见》（简称《指导意见》）。

《指导意见》在充分肯定共享单车发展方向的基础上，提出了"服务为本、改革创新、规范有序、属地管理、多方共治"的管理原则，从实施鼓励发展政策、规范运营服务行为、保障用户资金和网络信息安全、营造良好发展环境 4 个方面，鼓励和规范互联网租赁自行车发展，进一步提高服务水平，更好地满足人民群众的出行需求。

（1）鼓励新业态创新。《指导意见》在充分肯定共享单车的积极作用的基础上，明确了发展定位，提出了鼓励新技术推广应用、引导有序投放车辆、完善自行车交通网络、推进自行车停车点位设置和建设等鼓励发展政策。

（2）规范车辆停放。《指导意见》规定，各城市可根据城市特点、公众出行需求和互联网租赁自行车发展定位，研究建立与城市空间承载能力、停放设施资源、公众出行需求等相适应的车辆投放机制，引导运营企业合理有序投放车辆，保障行业健康有序发展和安全稳定运行。

（3）多方共治乱停乱放。互联网租赁自行车乱停乱放问题引发社会关注。《指导意见》提出坚持多方共治原则，发挥好政府、企业、社会组织和社会公众的合力，共同治理。一是城市政府要完善自行车交通网络建设，规范自行车停车点位设施，加强对违法违规行为的监督执法；二是落实运营企业车辆停放管理的责任，推广运用电子围栏等技术，综合采取经济奖惩、记入信用记录等措施，引导用户规范停放；三是加强对用户使用规范和安全文明骑行的宣传教育，引导用户增强诚信和文明意识，遵守交通规则，遵守社会公德。

（4）不鼓励发展租赁电动自行车。《指导意见》提出"不鼓励发展互联网租赁电动自行车"，主要出于 5 个方面的考虑。一是市场上投放的租赁电动自行车普遍不符合《电动自行车通用技术条件》标准要求；二是骑车人不固定且多数没有经过专门的驾驶培训；三是充电过程和露天停放影响电池安全，存在较大消防安全隐患；四是车辆运行安全风险高；五是电池污染问题严重。

（5）用户实名制注册使用。《指导意见》规定"互联网租赁自行车实行用户实名制注册和使用"。目前，各主要运营企业在现实操作中均采取了用户实名制，从信用体系建设角度看，企业和用户需要严格实施实名制。同时，根据《中华人民共和国道路交通安全法实施条例》第七十二条的规定，驾驶自行车、三轮车必须年满 12 周岁。据此，《指导意见》规定"禁止向未满 12 岁的儿童提供服务"。

（6）做好企业退市保障工作。为有效保障消费者权益，《指导意见》规定："互联网租赁自行车运营企业实施收购、兼并、重组或退出市场经营的，必须制定合理方案，确保用户合法权益和资金安全。"个别互联网租赁自行车运营企业根据企业自身发展情况决定退出市场，需要公告后续用户资金退还等措施，保障用户合法权益。

课后练习

一、选择题

1. （单选）从事网约车服务的驾驶员应在最近连续（　　　）个记分周期内没有记满 12 分记录，无暴力犯罪记录。

    A. 2　　　　　　　　B. 3　　　　　　　　C. 4　　　　　　　　D. 5

2. （多选）移动电子商务的应用层次有（　　　）。

    A. 终端类型　　　　　　　　　　B. 交易平台

    C. 应用网络　　　　　　　　　　D. 购买商品或服务

二、填空题

1. 互联网应用商店服务提供者应当对应用程序提供者进行_____、_____、_____等审核，建立信用管理制度。

2. 《关于鼓励和规范互联网租赁自行车发展的指导意见》提出的管理原则是_____、_____、_____、_____、_____。

三、简答论述题

1. 简述移动电子商务的概念及主要业务领域。

2. 绘制移动电子商务参与方的关系图。

3. 简述移动互联网应用程序管理。

4. 试述与移动通信运营商相关的法律规范。

5. 试论述移动电子商务平台经营者的业务规范。

6. 试论述微商交易中有哪些特殊问题及相关解决方法。

四、案例分析题

结合本章引导案例，说明如何加强移动电子商务的监管，才能有效防止传销、欺诈事件的发生。

第 4 篇

电子商务交易环境保护

第9章
电子交易信息安全法律规范

电子商务与传统商务相比，信息的重要性比以往任何时候都要突出。信息是全部交易的载体，电子交易中信息保护、信息利用行为的规制标准远远高于传统交易活动。本章从电子交易信息涉及的信息类型与特点、电子交易信息的收集与处理、电子交易信息认证、个人信息出境活动管理规定等方面对电子交易信息的规范问题进行探讨。

学习目标

1. 掌握电子交易信息涉及的信息类型与特点。
2. 掌握与电子交易信息收集与处理相关的基本法律规范。
3. 熟悉电子交易信息认证的基本方法和要求。

引导案例：某打车公司违法收集用户信息案

2022 年，国家互联网信息办公室查处了某打车公司违法收集用户信息的案件。经查明，某打车公司共存在 16 项违法事实，归纳起来主要是 8 个方面。

（1）违法收集乘客手机相册中的截图信息 1 196.39 万条。

（2）过度收集乘客剪切板信息、应用列表信息 83.23 亿条。

（3）过度收集乘客人脸识别信息 1.07 亿条、年龄段信息 5 350.92 万条、职业信息 1 633.56 万条、亲情关系信息 138.29 万条、"家"和"公司"打车地址信息 1.53 亿条。

（4）过度收集乘客评价代驾服务时、App 后台运行时、手机连接桔视记录仪设备时的精准位置（经纬度）信息 1.67 亿条。

（5）过度收集司机学历信息 14.29 万条，以明文形式存储司机身份证号信息 5 780.26 万条。

（6）在未明确告知乘客情况下分析乘客出行意图信息 539.76 亿条、常驻城市信息 15.38 亿条、异地商务/异地旅游信息 3.04 亿条。

（7）在乘客使用顺风车服务时频繁索取无关的"电话权限"。

（8）未准确、清晰说明乘客设备信息等 19 项个人信息处理目的。

综合考虑某打车公司违法行为的性质、持续时间、危害及情形，2022 年 7 月 21 日，国家互联网信息办公室依据《网络安全法》《数据安全法》《个人信息保护法》《行政处罚法》等法律法规，对某打车全球股份有限公司作出网络安全审查相关行政处罚的决定，处人民币 80.26 亿元罚款，对某打车全球股份有限公司董事长兼 CEO（Chief Executive Officer，首席执行官）程某、总裁柳某各处人民币 100 万元罚款。

从违法行为的性质看，某打车公司未按照相关法律法规规定和监管部门要求，履行网络安全、数据安全、个人信息保护义务，置国家网络安全、数据安全于不顾，给国家网络安全、数据安全带来严重的风险隐患，且在监管部门责令改正的情况下，仍未进行全面深入整改，性质极为恶劣。从违法行为的持续时间看，某打车公司相关违法行为最早开始于 2015 年 6 月，持续时间长达 7 年。从违法行为的危害看，某打车公司通过违法手段收集乘客剪切板信息、相册中的截图信息、亲情关系信息等个人信息，严重侵犯乘客隐私，严重侵害乘客个人信息权益。从违法处理个人信息的数量看，某打车公司违法处理个人信息达 647.09 亿条，数量巨大，其中包括人脸识别信息、精准位置信息、身份证号等多类敏感个人信息。从违法处理个人信息的情形看，某打车公司违法行为涉及多个 App，涵盖过度收集个人信息、强制收集敏感个人信息、App 频繁索权、未尽个人信息处理告知义务、未尽网络安全数据安全保护义务等多种情形。

9.1　电子交易信息涉及的信息类型与特点

信息（Information），广义地讲，是物质和能量在时间、空间上定性或定量的模型或其符号的集合。信息的概念非常广泛，从不同的角度对信息可下不同的定义。

个人信息是以电子或者其他方式记录的能够单独或者与其他信息结合识别特定自然人的各种信息，包括自然人姓名、出生日期、身份证号码、生物识别信息、住址、电话号码、电子邮箱、健康信息、行踪信息等。（《民法典》第一千零三十四条）而隐私是自然人的私人生活安宁和不愿为他人知晓的私密空间、私密活动、私密信息。

在商务活动中，信息通常指的是商业消息、情报、数据、密码、知识等。网络商务信息限定了商务信息传递的媒介和途径。只有通过计算机网络传递的商务信息，包括文字、数据、表格、图形、影像、声音以及内容能够被人或计算机认知的符号系统，才属于网络商务信息的范畴。信息在网络空间的传递称为网络通信，信息在网络上停留称为存储。

电子交易信息是指在电子交易活动中收集、整理、流转、存储的数字化信息。这里限定电子交易过程的信息，而非所有涉及电子商务的信息。

电子商务交易信息涉及的信息类型非常广泛，主要包括以下 6 项。

（1）消费者基本信息，如个人姓名、电话号码、手机号码、住址、身份证号码；所在企业名称、主要领导人及各部门领导的联系方式等。

（2）交易登录信息，如登录名、登录密码、二维码信息等。

（3）支付信息，如信用卡账号和密码、支付宝账号和密码、微信账号和密码等。

（4）营销对象信息，如婴幼儿信息、学生就读学校信息、学生家长联系方式、消费者购买记录等。

（5）快递信息，如快递单信息、收货人姓名和电话、收货地址、购买商品情况等。

（6）商户交易信息，如交易平台交易数据、平台内经营者销售记录、企业进货信息、消费者购买数据等。

相对于传统商务信息，电子商务交易信息具有以下显著特点。

（1）时效性。传统的商务信息，由于传递速度慢、传递渠道不畅，因而经常存在"信息获得了但也失效了"的问题。电子交易信息更新及时，传递速度快，只要信息收集者及时发现信息，就可以保证信息的时效性。

（2）易统计性。每一笔电子商务交易都会在交易平台留下痕迹，因此，统计起来非常方便。由此，可以收集大量的数据用于用户行为的分析，但也容易挖掘企业的决策行为和用户的消费习惯与隐私。经过分析处理的信息一旦泄露，很可能会给电子商务参与者造成较大的危害。

（3）便于存储。现代经济生活的信息量非常大，如果仍然使用传统的信息载体，存储难度相当大。在电子商务条件下，交易者可以方便地将电子商务交易信息存储在自己的计算机中，便于管理和保存。

国家保护合法的电子交易信息收集、整理、流转、存储和利用活动，并对电子交易信息实行分等级保护制度。

9.2 电子交易信息的收集与处理

9.2.1 电子交易信息的收集

《民法典》第一百一十一条规定，自然人的个人信息受法律保护。任何组织或者个人需要获取他人个人信息的，应当依法取得并确保信息安全，不得非法收集、使用、加工、传输他人个人信息，不得非法买卖、提供或者公开他人个人信息。《网络安全法》第四十一条规定，网络运营者收集、使用个人信息，应当遵循合法、正当、必要的原则，公开收集、使用规则，明示收集、使用信息的目的、方式和范围，并

网络商务信息收集
的基本要求和困难

经被收集者同意。网络运营者不得收集与其提供的服务无关的个人信息，不得违反法律、行政法规的规定和双方的约定收集、使用个人信息，并应当依照法律、行政法规的规定和与用户的约定，处理其保存的个人信息。《电子商务法》第二十三条规定，电子商务经营者收集、使用其用户的个人信息，应当遵守法律、行政法规有关个人信息保护的规定。

所以，信息采集人在收集、生成电子交易信息时，应事前告知信息提供人收集信

息的目的、范围、用途，以及信息使用、管理与删除规则。禁止采用盗窃、欺诈、胁迫、非法访问或其他未经信息提供人合理授权的手段获取电子交易信息。信息提供人有权决定是否提供信息以及提供信息的范围。

对信息收集行为提出规范，对数据采集进行合理限制，意在遏止过度收集的行为信息。信息采集人可以根据公示的规则对所收集或生成的交易信息进行处理，但不得对信息提供人造成损害，也不得侵害他人权益或公众利益。信息提供人有权查询所提供的个人信息和交易过程中生成的电子交易信息；有权要求更正或者删除已提供的个人信息，双方另有约定的除外。所查询的交易信息可作为证据使用。

9.2.2　电子交易信息的处理

电子商务经营者应当采取数据备份、数字认证、故障恢复等技术手段确保原始数据的真实性及网络交易数据和资料的完整性、安全性。

电子交易信息的备份和存储应与信息的收集、整理、流转同步规划、同步建设、同步运行。

中国人民银行等发布的《金融机构客户身份识别和客户身份资料及交易记录保存管理办法》第二十九条规定，金融机构应当按照下列期限保存客户身份资料和交易记录。

（1）客户身份资料，自业务关系结束当年或者一次性交易记账当年计起至少保存 5 年。

（2）交易记录，自交易记账当年计起至少保存 5 年。

国内贸易行业标准《电子合同在线订立流程规范》（SB/T 11009—2013）第八条合同保存期限中规定：自合同订立或存储之日起，电子合同的保存期限不应少于 5 年，合同当事人另有约定的除外。

《电子商务法》第三十一条规定，电子商务平台经营者应当记录、保存平台上发布的商品和服务信息、交易信息，并确保信息的完整性、保密性、可用性。商品和服务信息、交易信息保存时间自交易完成之日起不少于三年；法律、行政法规另有规定的，依照其规定。第八十条规定，不履行《电子商务法》第三十一条规定的商品和服务信息、交易信息保存义务的，由有关主管部门责令限期改正；逾期不改正的，处二万元以上十万元以下的罚款；情节严重的，责令停业整顿，并处十万元以上五十万元以下的罚款。

9.3　电子交易信息认证

9.3.1　电子交易信息认证的基本方法

1. 身份信息认证

身份信息认证包含识别和鉴别两个过程。身份识别（Identification）是指用户向系统出示自己的身份证明的过程；身份鉴别（Authentication）是系统查核用户身份证明的过程。

身份信息认证的主要目标有 3 个：一是确保交易者是交易者本人，而不是其他人，避免与虚假的交易者进行交易；二是防止交易者的不正当竞争行为，监控交易者违反商业道德，利用制度漏洞，实施欺诈、恶意透支、销售假冒伪劣商品等行为；三是访问控制，拒绝非法用户访问系统资源，限定合法用户只能访问系统授权和指定的资源。

目前，用户身份信息认证主要通过 3 种基本方式或其组合方式来实现。

（1）用户通过某个秘密信息，如用户通过自己的口令访问系统资源。

（2）用户知道某个秘密信息，并且利用包含这一秘密信息的载体，如物理介质卡片，访问系统资源。

（3）用户利用自身所具有的某些生物学特征，如指纹、声音、视网膜等访问系统资源。

2. 电子合同信息认证

电子合同信息认证主要通过电子签名进行。图 9-1 展示了与文件加密、传输和认证相关的 10 个步骤。

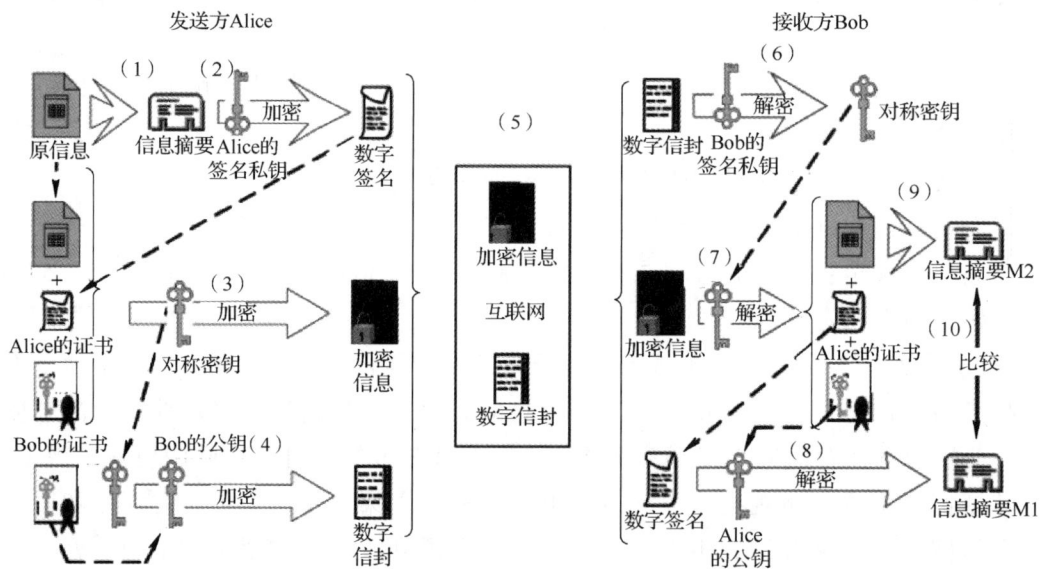

数字签名技术

图 9-1　带有数字签名和数字证书的加密系统

注：私钥指电子签名人个人保管的电子签名制作数据；公钥指电子签名的验证数据；证书（即电子认证证书）是指"公钥＋持有人信息＋认证机构的信息＋认证机构的签名"。

（1）在发送方网站上，将要传送的信息通过哈希函数变换为预先设定长度的信息摘要。

（2）利用发送方的私钥给信息摘要加密，结果是数字签名。

（3）将数字签名和发送方的认证证书附在原始信息上打包，使用算法生成的对称密钥在发送方的计算机上为信息包加密，得到加密信息。

（4）用预先收到的接收方的公钥为对称密钥加密，得到数字信封。

（5）加密信息和数字信封合成一个新的信息包，通过互联网将加密信息和数字信封传到接收方的计算机上。

（6）用接收方的私钥解密数字信封，得到对称密钥。

（7）用还原的对称密钥解密加密信息，得到原信息、数字签名和发送方的认证证书。

（8）用发送方公钥（置于发送方的认证证书中）解密数字签名，得到信息摘要 M1。

（9）将收到的原信息通过哈希函数变换为信息摘要 M2。

（10）将第（8）步和第（9）步得到的信息摘要加以比较，以确认信息的完整性。

3. 辅助认证方法

（1）时间戳（Time Stamp）。在电子商务交易中，时间是十分重要的信息。同书面文件类似，文件签署的日期也是防止电子文件被伪造和篡改的关键内容。时间戳是一个经加密后形成的凭证文档，它包括需加时间戳的文件的摘要、数字时间戳（Digital Time Stamp，DTS）收到文件的日期和时间、DTS 的数字签名 3 个部分。DTS 服务是网上电子商务安全服务项目之一，它能提供对电子文件时间信息的安全保护。

（2）易损水印（Fragile Watermarking）。易损水印主要用于完整性保护，这种水印是在内容数据中嵌入不可见的信息。当内容发生改变时，这些水印信息会发生相应的改变，从而可以鉴定原始数据是否被篡改。

9.3.2　电子交易信息认证的要求

电子认证服务提供者应当对使用电子签名开展交易的自然人、法人或者其他组织进行实名认证，对被认证的电子交易相关方的真实性负责，并为所收集的信息保密。

国家标准《第三方电子合同服务平台功能建设规范》（GB/T 36320—2018）对第三方电子合同服务平台提出了要求：为确保电子合同的真实性、有效性以及完整性，应提供离线或在线两种方式对电子合同中的电子签名、数字认证、电子合同内容、电子合同缔约人信息、电子合同缔约相对人等进行验证。

目前，很多电子商务交易平台都没有按照《电子签名法》的规定使用电子签名，主要是基于成本和用户使用便捷性的考虑。出于安全性考虑，电子商务交易平台应提示用户使用电子签名。

对于认证的责任的规定，主要是考虑现状除了依法设立的认证机构（Certificate Authority，CA）认证外，还存在大量的商业机构和行业协会在对电子商务企业进行认证，需要进行有效的法律管理。

9.4　个人信息出境活动管理规定

为了保护个人信息权益，规范个人信息出境活动，2023 年 2 月，国家互联网信息办公室根据《中华人民共和国个人信息保护法》第三十九条有关个人信息处理者向中华人民共和国境外提供个人信息的规定，公布了《个人信息出境标准合同办法》（简称《办法》）。

《办法》第四条规定，个人信息处理者通过订立标准合同的方式向境外提供个人信息的，应当同时符合下列情形。

（1）非关键信息基础设施运营者。

（2）处理个人信息不满100万人的。

（3）自上年1月1日起累计向境外提供个人信息不满10万人的。

（4）自上年1月1日起累计向境外提供敏感个人信息不满1万人的。

《办法》第五条规定，个人信息处理者向境外提供个人信息前，应当开展个人信息保护影响评估，重点评估以下内容。

（1）个人信息处理者和境外接收方处理个人信息的目的、范围、方式等的合法性、正当性、必要性。

（2）出境个人信息的规模、范围、种类、敏感程度，个人信息出境可能对个人信息权益带来的风险。

（3）境外接收方承诺承担的义务，以及履行义务的管理和技术措施、能力等能否保障出境个人信息的安全。

（4）个人信息出境后遭到篡改、破坏、泄露、丢失、非法利用等的风险，个人信息权益维护的渠道是否通畅等。

（5）境外接收方所在国家或者地区的个人信息保护政策和法规对标准合同履行的影响。

（6）其他可能影响个人信息出境安全的事项。

《办法》第六条规定，标准合同应当严格按照本办法附件订立。标准合同生效后方可开展个人信息出境活动。

课后练习

一、选择题

1.（单选）《电子商务法》第三十一条规定，交易信息保存时间自交易完成之日起不少于（　　）年。

　　A. 2　　　　　　　B. 3　　　　　　　C. 4　　　　　　　D. 5

2.（多选）电子认证机构的职能包括（　　）。

　　A. 发证书　　　B. 废除证书　　　C. 管理证书　　　D. 查询证书

二、填空题

1. 辅助认证方法包括_____、_____等。

2. 身份信息认证包含_____和_____两个过程。

三、简答论述题

1. 简述电子交易信息涉及的信息类型与特点。

2. 在收集电子交易信息时需要遵守哪些法律法规？

3. 试述电子合同信息认证中文件加密、传输和认证的 10 个步骤。

4. 简述电子交易信息认证的基本方法。

5. 电子交易信息的处理涉及哪些法律规定？

6. 根据《个人信息出境标准合同办法》，个人信息处理者通过订立标准合同的方式向境外提供个人信息的，应当符合哪些情形？

四、案例分析题

结合本章引导案例，说明该打车公司违法收集和处理用户信息的主要手段，并说明乘客在使用出行平台的服务时，应当怎样避免个人信息的泄露。

第10章
电子商务消费者权益保护与在线争议解决

电子商务市场是建立在消费者信赖和认可的基础上的，因而消费者权益保护在电子商务发展中具有重要地位。本章从两个方面讨论了网络环境下消费者权益保护问题：一是总结网上消费者权益侵害的常见问题，借鉴国外的做法，阐述国内的法律规定；二是详细介绍电子商务在线争议解决方式，电子商务参与者可通过在线方式合理、快捷地解决交易纠纷或争端。

学习目标

1. 了解网络交易中消费者权益侵害常见问题。
2. 掌握在线消费者权益保护的法律规定。
3. 熟悉电子商务在线争议解决方式。

引导案例：淘宝打假网络庭审案

2018年4月19日，杭州互联网法院开庭审理淘宝网卖家高某某违背合同约定网上销售假冒品牌服装案，并全程通过线上举证系统以及同案数据分析系统展示。

庭审现场没有原告席、被告席，也没有书记员，仅有一块联网的大屏幕，实时显示主审法官和原被告、代理律师的画面，庭审笔录通过语音识别完成。原被告双方的起诉状和答辩状、提交的相关证据、质证情况等，都可以在大屏幕上清晰地显示。

该案被告高某某2016年曾犯销售假冒注册商标的商品罪被法院判处有期徒刑一年，并处罚金60 000元。为彻底打击售假者，2017年淘宝网又将高某某诉至杭州互联网法院。

法庭上，原告淘宝网称，淘宝网与被告签署的《淘宝服务协议》约定，用户不得在淘宝平台上销售侵犯他人知识产权或其他合法权益的商品。被告明知其在淘宝网上销售的商品系假冒注册商标的商品，仍然持续出售；被告的行为损害了淘宝网财产权益和商誉，构成严重违约；请求法院判令被告赔偿损失106 827元，并赔偿律师费10 000元。

被告代理律师辩称，高某某只是利用朋友的淘宝店铺进行售假，该行为已经受到了刑事处罚，高某某并非售假店铺与原告之间网络服务合同的当事人，不需要按照《淘宝服务协议》的约定承担合同上的违约责任，而且淘宝网对所主张的损失赔偿请求依据不足。

法院经审理认为，平台消费者买到了假冒商品，不仅直接造成该消费者的经济损失，还有损消费者的购物体验。平台上品牌所有者及正品经营商铺的利润被售假者不当获取，这一行为排挤了诚信商户，扰乱了公平竞争的网上经营环境，导致诚信商户流失。

法院认为，被告售假增加平台正常招商及商户维护的成本，直接损害平台长期大量投入形成的平台良好形象，降低平台的社会评价，对平台的商业信誉显然具有负面影响。综合考虑售假数量与规模、平台的知名度等因素，法院最终认定高某某酌情赔偿淘宝网损失 40 000 元，并支付淘宝网合理支出（律师费）10 000 元。

10.1　网络交易中消费者权益侵害常见问题

根据上海市市场监督管理局（2021 年）和杭州市工商行政管理局（2014 年）的调查，电子商务消费者权益侵害有 9 个常见问题。

（1）广告宣传与实物差距大。虚假宣传是消费者投诉非常突出的问题。特别是在直播"带货"营销中，虚假宣传、售后服务不到位等问题特别突出。公众人物"带货刷单"造假、流量造假等新问题也层出不穷。

（2）商品质量参差不齐。上海市市场监督管理局调查显示，63.27%跨境电子商务消费争议发生在商品质量有瑕疵上。网络信息收集平台数据反映，超过 10%的投诉涉及商品的质量问题。

（3）商标侵权现象广泛。伴随着网络购物的发展，侵犯知识产权和消费者买到假冒商品的情况时有发生。大到国际名牌，小到地方特色品牌，商标侵权现象广泛存在。

（4）格式合同有待规范。网络交易格式合同存在的主要问题：一是利用格式合同来免责，如约定商品有瑕疵时，消费者只能要求修理或更换，不能退货或折损，或约定实物与网上图片有差异，不影响使用，消费者不能要求退换货；二是没有以合理的方式提醒消费者注意，故意用小字书写，或在文字表述上模糊、晦涩，令消费者难解其意；三是随时修改或调整网络格式合同条款而不提前通知相对人。

（5）物流配送问题频出。在网络交易纠纷中，物流配送成为消费者投诉的高发领域。特别是包装破损、收费不合理、拖延到货日期等是消费者反映较多的问题。

（6）货款支付存在风险。随着网络消费的发展，以钓鱼、木马为特征的网络诈骗产业链初步形成，成为网络购物安全的首要威胁。例如，黑客可将木马病毒程序和钓鱼网站依附于支付工具，消费者网购资金可能并未转入支付工具，而是被黑客截至第三方支付平台，继而流入行骗者账户。

（7）售后服务争议突出。网络购物涉及地域广，消费者遍及各地。购买商品出现质量问题后，消费者往往只能联系商户解决。部分商户尽管设有售后服务部门或人员，但其对消费者的正当诉求常常不积极回应，采取拖延、推脱战术。

（8）欺诈行为屡禁不止。消费者普遍对网络安全技术的知识了解甚少，让一些不法经营者钻了技术上的空子。例如，盗取消费者支付账户金额、利用钓鱼网站引诱消费者至其他平台进行交易、利用专业软件谎称已交易成功的消费并未成功而使消费者多次付费等。

（9）个人信息安全受到威胁。网络消费中，大量的私人信息和数据等被信息服务系统收集、储存、传输，消费者的隐私权不可避免地受到威胁，一些商户为了扩大销售额，根据消费者的经济状况、上网习惯等不停向消费者发送推销信息以推销自己的商品；更有甚者，为了眼前的经济利益将消费者的信息卖给他人。

10.2 有关在线交易消费者权益保护的国际规定

1. 网络环境下的消费者保护：消费者信任问题

电子商务交易条件下，消费者保护的主要目的是赢得消费者信任。在 1998 年经合组织的渥太华会议上，与会者一致认为，为促进全球电子商务发展，需要考虑 4 个方面的问题。

（1）建立与消费者之间的信任。

（2）建立数字化市场的基本规则。

（3）加强电子商务的信息基础结构。

（4）使消费者充分受益。

在这 4 个问题中，首先要解决的便是消费者信任问题。渥太华会议通过了 4 份文件，其中两份与消费者保护有直接关系。

这里的消费者信任包含两个方面的内容：一个是传统消费者权益保护法意义上消费者保护内容；另一个是网上交易安全的内容。这两个方面使消费者信赖在线交易，使消费者在网络环境下发生的交易受到保护。

2. 网络购物环境下消费者的保护

在线交易消费者保护主要涉及 3 方面的内容：一是缔约前要求经营者尽一定的提示义务，防止欺诈消费者；二是给予消费者退货权利，以减少消费者因未真实地看货验货产生的风险；三是履行合同过程中的其他保护。对于这 3 个方面的内容，在体例上大致存在两种相似的解决方案：一种是将在线交易视为远距离销售，制定特殊的规则加以保护，欧盟采取这种解决方案；另一种是将在线交易视为邮购买卖的特殊形式，适用邮购买卖中的消费者保护法，美国采取这种解决方案。这两种保护的结果，可谓异曲同工。

在线交易消费者权益保护首先适用于已有的消费者权益保护法，也就是说，在线交易的消费者仍然是普通的消费者，他们应当与普通消费者得到同样的保护，因此，传统的消费者权益保护法仍然适用于在线交易消费者。但是在线交易的特殊性决定了必须存在一些特殊规则，使在线交易消费者得到与普通消费者同样的保护。这些规则需要结合在线交易的特点进行设计。

10.3　我国关于在线交易消费者权益保护的规定

10.3.1　《消费者权益保护法》的有关规定

《消费者权益保护法》对网络交易中消费者权益保护做出特别规定，具体包括以下内容。

（1）第二十五条明确，经营者采用网络、电视、电话、邮购等方式销售商品，消费者有权自收到商品之日起七日内退货，且无须说明理由。但消费者定制的，鲜活易腐的，在线下载或者消费者拆封的音像制品、计算机软件等数字化商品，交付的报纸、期刊等商品除外。

（2）第二十八条规定，采用网络、电视、电话、邮购等方式提供商品或者服务的经营者，以及提供证券、保险、银行等金融服务的经营者，应当向消费者提供经营地址、联系方式、商品或者服务的数量和质量、价款或者费用、履行期限和方式、安全注意事项和风险警示、售后服务、民事责任等信息。

我国涉及交易安全的法律法规

（3）第四十四条说明，消费者通过网络交易平台购买商品或者接受服务，其合法权益受到损害的，可以向销售者或者服务者要求赔偿。

10.3.2　《电子商务法》的有关规定

《电子商务法》第十三条规定，电子商务经营者销售的商品或者提供的服务应当符合保障人身、财产安全的要求和环境保护要求，不得销售或者提供法律、行政法规禁止交易的商品或者服务。

第十七条规定，电子商务经营者应当全面、真实、准确、及时地披露商品或者服务信息，保障消费者的知情权和选择权。电子商务经营者不得以虚构交易、编造用户评价等方式进行虚假或者引人误解的商业宣传，欺骗、误导消费者。

这里，"虚构交易"是指电子商务活动参与方本无真实交易之目的，经过事前串通，订立了双方并不需要真正履行的电子商务合同，经营者以此达到增加销量、提高可信度、提高排名等目的。"编造用户评价"是指没有交易事实或者违背事实做出用户评价，包括故意虚构事实、歪曲事实等做出的好评或者负面评价等不真实评价。

第十八条规定，电子商务经营者根据消费者的兴趣爱好、消费习惯等特征向其提供商品或者服务的搜索结果的，应当同时向该消费者提供不针对其个人特征的选项，尊重和平等保护消费者合法权益。

第十九条规定，电子商务经营者搭售商品或者服务，应当以显著方式提请消费者注意，不得将搭售商品或者服务作为默认同意的选项。

第二十一条规定，电子商务经营者按照约定向消费者收取押金的，应当明示押金退还的方式、程序，不得对押金退还设置不合理条件。消费者申请退还押金，符合押金退还条件的，电子商务经营者应当及时退还。

这里的"明示"即明确表示，具体指以口头或书面形式做出意思表示的行为。"不合理条件"是指不得预设不合理的障碍或者变相阻碍消费者退款的条件。"及时退还"是指不得拖延退款，更不得设置条件阻碍或者变相阻碍退款，而应当按照消费者的申请退还押金。

10.3.3　最高人民法院的有关规定

2022 年，我国最高人民法院发布《最高人民法院关于审理网络消费纠纷案件适用法律若干问题的规定（一）》（简称《规定》），并于 2022 年 3 月 15 日起施行。

《规定》主要对网络消费合同权利义务、责任主体认定、直播营销民事责任、外卖餐饮民事责任等 10 个方面做出了具体规定。

（1）规范网络消费格式条款。列举了不公平、不合理的格式条款。

（2）完善七日无理由退货制度。明确电商经营者不得以商品已拆封为由主张不适用七日无理由退货制度。

（3）压实平台责任。明确电商平台自营误导的法律后果。

（4）压实商家责任。明确平台外支付的法律后果。

（5）保护消费者合理信赖。明确网络店铺转让未公示责任。

（6）斩断网络消费市场"黑灰产"链条。明确虚假"刷单""刷评""刷流量"类合同无效。

（7）规范网络促销行为。明确奖品、赠品、换购商品等造成损害的法律后果。

（8）强化经营者诚信经营意识。明确高于法定赔偿标准的承诺应当遵守。

（9）引导新业态健康发展。明确网络直播营销民事责任。

（10）守护人民群众舌尖上的安全。完善外卖餐饮民事责任制度。

10.4　电子商务在线争议解决方式

本书在第 7 章中已经介绍了跨境电子商务有关网上争议解决的基本规定。目前，电子商务领域在线争议解决方式主要有 5 种形式，分别为在线清算、在线仲裁、在线消费者投诉处理、在线调解、网络庭审。

10.4.1　在线清算

网络支付争议解决企业赛博塞特（Cybersettle）很早就开始提供在线清算争议解决服务，主要针对保险索赔。可立克塞特（Clicknsettle）是紧随其后发展起来的在线纠纷解决企业。两个企业都有专门的系统，通过专门系统，争议双方各自报价，但无从知晓对方的出价。如果双方的报价符合事先约定的某一公式，则系统自动以中间价成交。赛博塞特允许被诉人出价 3 次，原告可以还价 3 次；可立克塞特则允许双方在 60 天内进行任意次数的报价。如果在此期限内双方无法达成一致，则当事人仍然可以不受影响地进行谈判，因为他们在在线清算系统中的报价是绝对保密的。这种系统的建立，可以大大缩短谈判和诉讼时间，降低解决争议的成本和费用。

10.4.2　在线仲裁

目前主要的在线仲裁提供者是加拿大的网上争议解决中心，主要解决域名争议。互联网域名分配公司（The Internet Corporation for Assigned Names and Numbers，ICANN）授权网上争议解决中心以在线方式解决域名争议，争议的解决以 ICANN 的《统一域名纠纷处理规则》为依据。解决域名争议的请求可以通过电子邮件提出，也可以通过填写安全网页上的申请表提交。

仲裁委员会根据 ICANN 的规则、实施细则以及网上争议解决中心的补充规则进行审理。在听取当事人双方的陈述后，仲裁委员会做出具有约束力的裁决。

真正将在线仲裁实践成功的是中国广州仲裁委员会。该仲裁委员会自 2015 年正式上线在线仲裁业务以来，主动适应互联网发展大趋势，创新性采用网络信息新技术，借助互联网技术整合法律服务资源，利用网络仲裁解决了民商事活动中的海量纠纷。2022 年中国广州仲裁委员会受理的网络仲裁案件量超过 8 500 件，标的额达 15.9 亿元，涉案当事人国籍从 32 个增加到 58 个，持续提升国际公信力。

10.4.3　在线消费者投诉处理

商业改善局是美国中央商业改善局的子公司，致力于发展以在线方式处理消费者投诉。美国中央商业改善局下属有 132 个商业改善局，其从事替代性争议解决方式已有 100 多年历史。通过商业改善局，消费者可以以在线方式提交投诉。一般情况下，在收到投诉后，商业改善局首先会进行调解，即与公司内部的有关人员联系，这种方法常常能马上解决问题。如果调解不成，在多数情况下会利用电子邮件和电话进行简易的调解。

2018 年 3 月 15 日，国家市场监督管理总局建立的"中国消费者权益保护网"（即 12315 消费投诉平台）二期正式上线。平台二期开发了消费纠纷在线解决功能，鼓励有比较健全的客服售后系统的经营者成为平台在线消费纠纷解决企业，推动经营者与消费者先行和解，同时，增加了工商端分流单位推荐、敏感词过滤、重复投诉识别等功能，完善了投诉处理情况实时监测和督办等功能，提高了市场监管部门处理消费者诉求的效率。

10.4.4　在线调解

在线调解与离线调解在程序上的区别主要是沟通方式的不同。在线调解使用经过加密的电子邮件进行调解，或通过加密的聊天室进行沟通。在某些情况下，还可以使用可视会议系统。通过使用密码，调解员可以和一方当事人单独在一间聊天室里谈话，而另一方当事人在另一间聊天室里等候。目前，在线调解在技术上已经趋于成熟。在线调解的双方当事人都可以通过一台接入互联网的计算机进行沟通。调解的系统和文件都存储在特定的服务器上，只有经过授权的使用者才可以进入。这一系统一般都是由调解员或调解组织提供的。

在程序上，在线调解的流程通常包括 6 个阶段，分别为申请人提出申请、登记案件相关信息、选择调解员、进行在线调解、达成调解书和履行调解书。所有程序都通过在线的方式进行，双方当事人通过随机创设的在线调解室，以网上文字的形式进行事实陈述和证据出示（主要是相关证据的电子照片），并由调解员介绍相关的法律，提出调解方案，双方当事人如果接受这一方案，则达成调解协议。

2004 年，中国电子商务法律网建立中国在线争议解决中心，使得在线交易双方可以在诸多专业调解员的帮助下进行在线实时调解，为我国在线争议解决（主要为在线调解）的发展开创了先河。

2018 年 5 月，浙江解纷码上线运行。该平台不仅将线下的纠纷解决模式搬到线上，还从法律咨询、评估，向在线调解、在线仲裁、在线诉讼层层递进，使矛盾纠纷不断被过滤和分流，先行化解纠纷，减少进入诉讼程序的案件。经过近 5 年的运行，截至 2023 年 2 月底，该平台注册用户数超过 340 万人，汇集的机构资源超过 1 万家。表 10-1 反映了浙江解纷码截至 2023 年 2 月 27 日的运营情况。

表 10-1　浙江省解纷码平台统计数据（截至 2023 年 2 月 27 日）

项目	统计数据	项目	统计数据
注册用户数	3 419 642 人	访问量	14 232 128 人次
调解机构数	10 733 个	调解员注册数	50 979 人
调解案件申请总数	2 757 745 件	智能咨询数量	920 574 次
用户申请调解案件数	436 807 件	用户申请率	15.83%
机构登记案件总数	2 320 938 件	法院登记案件数	51 399 件
诉前调解案件数	1 804 072 件	基层单位登记数	464 096 件
调解成功案件总数	1 418 271 件	调解成功率	52.33%
申请诉讼案件数	3 826 件	申请司法确认案件数	122 829 件
结案数	2 710 175 件		

10.4.5　网络庭审

网络庭审是以网络服务平台为依托，把诉讼的每一个环节都搬到网络上，起诉、立案、举证、开庭、裁判都可以在线上完成，使电子商务纠纷可以更加快捷地得到处理，提高审判效率，节约司法资源。电子商务网络庭审的诉讼流程严格按照《中华人民共和国民事诉讼法》的有关规定进行，与传统的线下诉讼并无差异。

2006 年 4 月以来，福建省沙县人民法院高桥法庭在网上注册成立了福建省首家网络法庭，利用视频语音系统实现网络开庭。该庭通过 QQ 进行网络庭审，成功地审理了 3 起婚姻纠纷案件。该网络法庭由于适应了当地的实际情况，简化了审判程序，受到当地老百姓的欢迎。

2017 年 6 月 26 日，中央全面深化改革领导小组（2018 年 3 月改为中央全面深化改革委员会）第三十六次会议审议通过《关于设立杭州互联网法院的方案》。2017 年 8 月，杭州互联网法院正式挂牌成立，其受理范围包括：①网络购物合同纠纷；②网络购物商品责任纠纷；③网络服务合同纠纷；④在互联网上签订、履行的金融借款合同纠纷和小额借款合同纠纷；⑤网络著作权纠纷。截至 2022 年年底，中国已经批准建立 3 个互联网法院，分别为杭州互联网法院、北京互联网法院、广州互联网法院。

2022 年 9 月 23 日，厦门市思明区人民法院金融审判团队进行了全国首场元宇宙庭审，当庭宣判两起交通事故保险代位求偿案件。

知识拓展

元宇宙（Metaverse）是利用科技手段进行连接与创造的，与现实世界映射与交互的虚拟世界，具备新型社会体系的数字生活空间。元宇宙一词诞生于 1992 年的科幻小说《雪崩》，小说描绘了一个庞大的虚拟现实世界。元宇宙本质上是对现实世界的虚拟化、数字化过程，需要对现实世界中的内容等进行大量改造。它基于扩展现实技术提供沉浸式体验，基于数字孪生技术生成现实世界的镜像，基于区块链技术搭建经济体系，将虚拟世界与现实世界联系，并且允许每个用户进行内容生产和世界编辑。

为维护法庭秩序及庭审安全性，元宇宙庭审采用密码入会的身份核实方法；同时，由法庭后台统一管理发言权限及投票权限。不同于二维在线诉讼，元宇宙庭审中每位参与者进入的是三维虚拟法庭空间，可以更加直观、具象地感受真实的庭审氛围。在虚拟空间，用户可以选择自己喜欢的庭审视角进行观看；还可以放大屏幕，更加清晰地观看正在投屏展示的庭审笔录及证据材料。

在司法活动当中引入元宇宙技术成果，对提升司法效率、提升案件透明度乃至实现司法正义，都有积极意义。随着信息技术不断迭代升级，元宇宙庭审会越来越智能化、人性化，越来越符合司法实践需求，让公平正义以看得见的方式实现。

课后练习

一、选择题

1.（单选）《消费者权益保护法》第二十五条明确，经营者采用网络、电视、电话、邮购等方式销售商品，消费者有权自收到商品之日起（   ）日内退货，且无须说明理由。

    A．3   B．5   C．7   D．15

2．（多选）电子商务领域在线争议解决方式主要形式有（   ）。

    A．在线清算   B．在线仲裁   C．在线消费者投诉处理

    D．在线调解   E．网络庭审

二、填空题

1．截至 2022 年年底，中国已经批准建立 3 个互联网法院，分别为：_____、_____、_____。

2．电子商务领域在线争议解决方式主要有 5 种形式，分别为：_____、_____、_____、_____。

三、简答论述题

1．简述网络交易中消费者权益侵害的常见问题。

2．网络环境下消费者保护主要涉及哪些方面的内容？

3．试述我国关于在线交易消费者权益保护的特别规定。

4．结合浙江解纷码，阐述在线调解的基本流程和方法。

四、案例分析题

结合本章引导案例，说明针对网络营销中假冒伪劣商品的泛滥，应当采取哪些强有力的监管措施。

第11章
网络广告法律规范

网络广告市场规模已经超过传统广告市场规模，成为商品信息传递的重要阵地。进一步发挥网络广告在网络营销中的宣传推广作用，需要加强网络广告市场的综合治理，形成网络广告社会共治的新局面。本章主要讨论网络广告引发的主要法律问题、网络广告内容的规制要求，以及对网络广告的行政监督和管理。

学习目标

1. 掌握网络广告的定义和分类。
2. 了解网络广告引发的主要法律问题。
3. 掌握网络广告内容的规制要求。
4. 掌握网络广告不正当竞争行为的规制要求。

引导案例：网络虚假违法广告案

2022年1月9日，成都市市场监管局公布10起违法广告典型案例，其中涉及互联网的违法广告案件如表11-1所示。

表 11-1　成都市涉及互联网的违法广告典型案件

序号	类别	违法主体	发布媒介	主要违法表现及处罚结果
1	医疗	成都某某华蜀眼科门诊部	官网微信公众号	当事人为提高就诊率，在官网发布"治疗青少年近视等慢性、疑难眼病，既可迅速提高视力又能维持较好的远期疗效""中医治疗干眼病、小儿（近视、弱视、斜视），见效快，安全无副作用"等宣传内容。 当事人的行为违反了《广告法》第十六条不得含有"表示功效、安全性的断言或者保证"的规定。成都市成华区市场监管局作出行政处罚，罚款10万元

续表

序号	类别	违法主体	发布媒介	主要违法表现及处罚结果
2	娱乐	成都某某互动科技有限公司	视频网站	当事人为宣传"天龙八部荣耀版"游戏，在视频网站上发布"开局送重楼""天龙八部荣耀，爆率9.8，神装随便领"。"重楼"是游戏的一个道具，玩家在充值后的游戏过程中随机获得，而不是赠送获得；"爆率9.8"是指游戏打怪环节获得道具的概率是9.8%，实际也是一个随机数。 上述广告宣传内容与实际情况不符，构成《广告法》第二十八条第（二）项有关虚假广告的规定。成都市天府新区市场监管局作出行政处罚，罚款7.54万元。
3	零售	成都某某湾电子商务有限公司	网站	当事人为液体鱼油DHA商品宣传，在网店名称为"丹麦童话湾"微店网站上发布"补充大脑营养、提高大脑发育、增强思维能力、提高记忆力、保护视力、预防近视""临床实验证明服用某某儿童鱼油4个月后的儿童，皮肤、头发干燥状况得到改善，体质增强，不再频繁感冒，记忆得到提高"等宣传用语。 当事人上述行为违反了《广告法》第二十八条有关"虚构使用商品或者接受服务的效果的"的规定。成都市锦江区市场监管局作出行政处罚，罚款1.6万元

11.1　网络广告的发展

网络被誉为第四媒体，具有区别于传统媒体的独特性。网络作为信息的传播媒体，不仅覆盖面广，不受时间和地域限制，而且反应快、使用便利、成本低廉，再加上其互动性强，使广告发布商与消费者有了更亲密的接触。因此，网络广告不仅成为广告产业的一次重要变革，而且成为现代企业营销的主要手段，也成为网站经营者的重要营利手段。

11.2　网络广告及其引发的法律问题

11.2.1　网络广告及其分类

广告是为了实现某种特定的需要，通过一定形式的媒体，公开而广泛地向公众传递信息的宣传手段。广义的广告包括非经济广告和经济广告，狭义的广告仅指经济广告。非经济广告是指不以营利为目的的广告，又称效应广告，如政府行政部门、社会事业单位乃至个人的各种公告、启事、声明等；经济广告又称商业广告，是指商品经营者或者服务提供者承担费用，通过一定媒介和形式直接或者间接地介绍自己所推销的商品或服务的宣传形式。网络广告是利用互联网发布的广告。

网络广告的定义

从发布途径看，网络广告可以分为以下4种。

（1）通过自设的网站发布的广告。普通的企业及网络企业均可以通过自己的网站发布与自身商品或服务相关的广告。

（2）通过电子邮件发布的广告。企业通过电子邮件将广告发送到一定数量的网络使用者的电子信箱中。

（3）通过各类综合性网站（如新浪、搜狐等网站）或商务网站（如阿里巴巴、抖音、快手）发布的广告。

（4）通过网络广告渠道代理商（如好耶、华扬联众、电通等广告渠道代理商）发布的广告。

就网络广告的形式而言，网络广告可以分为以下 4 种。

（1）横幅广告。这种广告大多位于网页上端或下端，一般内容为：企业名称、一段简短的信息和鼓励用户浏览该网页的字样。横幅广告可以是静态的也可以是动态的。

网络广告的分类

（2）多媒体广告。这类广告应用多媒体技术，如 Flash Shockwave、Java 等，提供影像、音效、动画和照片。短视频广告是这类广告中发展最快的广告形式。

（3）关键字或按钮广告。关键字广告或按钮广告所占面积小，可以放在相关商品内容旁边。

（4）电子邮件广告。电子邮件（E-mail）是互联网上最便宜和最有效率的宣传方法之一，使用时间超过 30 年。通过电子邮件系统，商户可以将服务和商品信息传递给特定的消费者或某个网站的所有消费者。

从网络广告的发布主体来看，网络广告可以分为以下两种。

（1）电子商务经营者为宣传自己的网站或其经营的网上业务而做的广告。

（2）电子商务经营者接受他人委托为他人的商品或服务所做的广告。

电子商务经营者在两种广告中的法律地位和所起的作用是不一样的。在前一种情形下，网站经营者集广告主、广告经营者、广告发布者于一身；而在后一种情形下，网站经营者既可能是广告发布者，也可能是广告经营者。这无疑给传统广告法的适用性提出了挑战。

11.2.2　网络广告引发的法律问题

网络广告既不同于纸面媒体广告，也不同于电子媒体广告，它具有开放性、快捷性、广泛性、互动性等特征。这些特征决定了对网络广告监管的难度较大。

网络广告引发的法律问题如下。

网站上发布广告
应注意的问题

1. 清晰地区分信息与广告具有一定困难

在现实生活中，区分广告与信息本身就存在着困难。网上传播方式的多样性使得网上交易信息往往与广告信息混合或并行。这种非广告形式或手段但包含广告内容的宣传称为隐性广告。《广告法》第十四条明确规定："广告应当具有可识别性，能够使消费者辨明其为广告。大众传播媒介不得以新闻报道形式变相发布广告。通过大众传播媒介发布的广告应当显著标明'广告'，与其他非广告信息相区别，不得使消费者产生误解。"传统媒体也存在隐性广告，但相对于网络媒体还是易于识别和管理的。而在网络环境下，隐性广告则很难识别。特别是网络新闻、网络即时通信上发布的信息明显起到了广告效果，但很难说它具备广告形式。此外，搜索引擎关键词竞价排名等特殊形式的有偿信息也具备广告的效果和特点。在这种情形下，区别广告与信息成为一个非常困难的问题。

2. 网络广告传播主体的多元化使监管对象不明

对传统广告市场，广告监管机关明确了广告主、广告经营者、广告发布者三大行为主体的职责和权限。但是在网络环境下，三大行为主体的界限非常模糊。经营网络运营的网络服务提供商和提供信息服务的网络内容服务提供商既拥有传统媒体的传播平台，同时也汇集了广告代理、制作和发布的功能。企业自由设立的站点可以随意进行自我宣传；任何人登录某一个站点也可以发布广告或类似宣传的信息。最典型的是任何人都可以利用电子邮件直接向他人发送广告或发送含有广告内容的信件。

知识拓展

习惯上把提供互联网接入服务的企业（如中国电信、中国联通），或为他人设立经营网站的企业（如华为云、瑞诺国际）称为网络服务提供商（Internet Service Provider，ISP）；而把向广大用户综合提供互联网信息业务、增值业务、网络内容业务的企业称为网络内容服务提供商（Internet Content Provider，ICP）。国家对提供互联网信息服务的 ICP 实行许可证制度。ICP 经营许可证是指各地通信管理部门核发的"中华人民共和国电信与信息服务业务经营许可证"。

---

3. 网络广告的超地域性特点使得广告管理更加困难

传统广告发布的空间或地域有限，而网络广告不仅存在难以计数的发布主体和渠道，而且不受地域限制。网络广告的超地域性还导致法律适用和行政管理权的冲突。传统广告由于受国界的限制，一般由国内法管辖，即使发布跨国广告，也是由本国或由他国法律管辖，一般不会发生法律适用冲突问题。而网络广告则不同，由于网络广告可能涉及多个国家，无法将其分割为几个部分，无法确定哪部分所在国与网络更为密切。

4. 网络广告的新形式导致管理空白

近年来，网络广告出现许多新的形式。比如，互联网弹窗广告通过操作系统、应用软件、网站等，以弹出消息窗口形式向互联网用户提供广告信息推送服务；短视频广告是较短时间的视频承载的广告，主要利用 App 进行传播；在直播电商广告中，主播同时要承担"广告代言人""广告发布者""广告主"的责任。而在这些新的广告形式中，有关规范和法律常常滞后，有关方面的研究需要加强。

5. 广告管理人员素质及管理装备不适应网络广告的管理

在网络上发布广告，媒体新、运作模式新、表现形式新、计价方法新，传统的广告管理机关对网络广告较陌生，广告管理人员素质及管理装备难以适应大量出现的网络广告的管理。

鉴于网络广告引发的上述问题，加强对网络广告的管理，最大限度地减少广告欺诈等违法活动，保护消费者的利益和维护正常的市场秩序，是当前网络广告发展面临的重要任务。

11.3　网络广告规制

11.3.1　网络广告内容规制

网络广告与传统媒体上的广告相比，只是改变了载体，因此，网络广告仍然要遵守传统法律框架下对广告内容的管理规范。

网络广告应当真实、合法，以健康的表现形式表达广告内容，符合社会主义精神文明建设和弘扬中华民族优秀传统文化的要求。广告不得含有虚假或者引人误解的内容，不得欺骗、误导消费者。

广告主应当对广告内容的真实性负责，广告不得有下列情形。

（1）使用或者变相使用中华人民共和国的国旗、国歌、国徽，军旗、军歌、军徽。

（2）使用或者变相使用国家机关、国家机关工作人员的名义或者形象。

（3）使用"国家级""最高级""最佳"等用语。

（4）损害国家的尊严或者利益，泄露国家秘密。

（5）妨碍社会安定，损害社会公共利益。

（6）危害人身、财产安全，泄露个人隐私。

（7）妨碍社会公共秩序或者违背社会良好风尚。

（8）含有淫秽、色情、赌博、迷信、恐怖、暴力的内容。

（9）含有民族、种族、宗教、性别歧视的内容。

（10）妨碍环境、自然资源或者文化遗产保护。

（11）法律、行政法规规定禁止的其他情形。

在网络广告发布过程中，网络公司或网站是广告经营者和发布者，不管是发布自己的广告，还是受托发布他人的广告，对于违反法律和规章中强制性规定的，特别是禁止性规定的，如含有淫秽、迷信、恐怖、暴力、丑恶的内容，网站将承担直接行政责任或刑事责任。对于禁止性行为，《广告法》都做了明确规定。

11.3.2　对电子邮件广告的规范

根据工业和信息化部发布的《互联网电子邮件服务管理办法》，任何组织或者个人不得有下列行为。

（1）未经授权利用他人的计算机系统发送互联网电子邮件。

（2）将采用在线自动收集、字母或者数字任意组合等手段获得的他人的互联网电子邮件地址用于出售、共享、交换或者向通过上述方式获得的电子邮件地址发送互联网电子邮件。

（3）故意隐匿或者伪造互联网电子邮件信封信息。

（4）未经互联网电子邮件接收者明确同意，向其发送包含商业广告内容的互联网电子邮件。

（5）发送包含商业广告内容的互联网电子邮件时，未在互联网电子邮件标题信息前部注明"广告"或者"AD"字样。

电子邮件接收者明确同意接收包含商业广告内容的互联网电子邮件后，拒绝继续接收的，电子邮件发送者应当停止发送，除非双方另有约定。此外，电子邮件服务发送者发送包含商业广告内容的互联网电子邮件，还应当向接收者提供拒绝继续接收的联系方式，包括发送者的电子邮件地址，并保证所提供的联系方式在 30 日内有效。

11.3.3　对网络虚假广告的规范

1. 网络虚假广告及相关规定

《广告法》第三条规定，广告应当真实、合法，以健康的表现形式表达广告内容，符合社会主义精神文明建设和弘扬中华民族优秀传统文化的要求。《广告法》第二十八条明确规定，广告以虚假或者引人误解的内容欺骗、误导消费者的，构成虚假广告。广告有下列情形之一的为虚假广告。

网络虚假广告的
法律规范

（1）商品或者服务不存在的。

（2）商品的性能、功能、产地、用途、质量、规格、成分、价格、生产者、有效期限、销售状况、曾获荣誉等信息，或者服务的内容、提供者、形式、质量、价格、销售状况、曾获荣誉等信息，以及与商品或者服务有关的允诺等信息与实际情况不符，对购买行为有实质性影响的。

（3）使用虚构、伪造或者无法验证的科研成果、统计资料、调查结果、文摘、引用语等信息作证明材料的。

（4）虚构使用商品或者接受服务的效果的。

（5）以虚假或者引人误解的内容欺骗、误导消费者的其他情形。

虚假事实包含与事实不符和夸大事实两个方面。虚假事实可能是所宣传的商品或服务本身的性能、质量、技术标准等，也可能是政府批文、权威机构的检验证明、荣誉证书、统计资料等，还可能是竞价排名或不能兑现的允诺。

《电子商务法》第四十条规定，电子商务平台经营者应当根据商品或者服务的价格、销量、信用等以多种方式向消费者显示商品或者服务的搜索结果；对于竞价排名的商品或者服务，应当显著标明"广告"。电子商务经营者收集、使用其用户的个人信息，应当遵守法律、行政法规有关个人信息保护的规定。

2. 网络广告发布者的责任

根据《广告法》第五十六条规定，违反本法规定，发布虚假广告，欺骗、误导消费者，使购买商品或者接受服务的消费者的合法权益受到损害的，由广告主依法承担民事责任。广告经营者、广告发布者不能提供广告主的真实名称、地址和有效联系方式的，消费者可以要求广告经营者、广告发布者先行赔偿。

另外，根据《广告法》第六十九条规定，广告主、广告经营者、广告发布者违反本法规定，有下列侵权行为之一的，依法承担民事责任。

（1）在广告中损害未成年人或者残疾人的身心健康的。

（2）假冒他人专利的。

（3）贬低其他生产经营者的商品、服务的。

（4）在广告中未经同意使用他人名义或者形象的。

（5）其他侵犯他人合法民事权益的。

按照一般法律理念，如果网络公司（作为广告经营者或广告发布者）与广告主在这些侵权行为中存在共同的故意或存在过失，那么一旦发生侵权行为，网络公司则很难逃脱干系。但是，由于网站经营者的复杂性，网站经营者是否都处于广告的发布者地位或应都承担责任，需要根据具体情况认定。

3. 网站经营者在广告发布中的责任

《广告法》将广告法律关系的当事人分为 3 种，即广告主、广告经营者和广告发布者。在网络环境下，广告法律关系中的这 3 种角色却不易区分。正如前面提到的，在网站经营者把自己的商品或服务在自己的网上进行广告宣传情形下，网站经营者集广告主、广告经营者、广告发布者于一身，而在为他人发布广告的情形下，网站经营者既可能为广告发布者，也可能同时为广告经营者。应当说，在前一种情形下，虚假广告和广告引起的侵权事件的责任承担较简单，均由网站经营者来承担。现在有争议的是，网络广告经营者在网络广告中扮演什么角色。

根据国家市场监督管理总局《互联网广告管理办法》规定，广告经营者、广告发布者在发布网络广告时应承担以下责任。

（1）建立、健全和实施互联网广告业务的承接登记、审核、档案管理制度。

（2）利用算法推荐等方式发布互联网广告的，应当将其算法推荐服务相关规则、广告投放记录等记入广告档案。

（3）互联网平台经营者在提供互联网信息服务过程中应当采取措施防范、制止违法广告。

（4）利用互联网发布、发送广告，不得影响用户正常使用网络，不得在搜索政务服务网站、网页、互联网应用程序、公众号等的结果中插入竞价排名广告。

（5）未经用户同意、请求或者用户明确表示拒绝的，不得向其交通工具、导航设备、智能家电等发送互联网广告，不得在用户发送的电子邮件或者互联网即时通信信息中附加广告或者广告链接。

（6）发布含有链接的互联网广告，广告主、广告经营者和广告发布者应当核对下一级链接中与前端广告相关的广告内容。

（7）商品销售者或者服务提供者通过互联网直播方式推销商品或者服务，构成商业广告的，应当依法承担广告主的责任和义务。

4. 网络提供服务商在广告发布中的责任

关于网络提供服务商在网络广告中的法律地位，主要看其是否参与了广告的设计、制作和发布。在这里，仍然可以从 ICP 和 ISP 的区别出发，即主要看 ISP 是否直接介入广告制作与发布中。如果受托从事设计、制作和发布，那么，ISP 或网站经营者即成为网络广告的经营者和发布者；如果不涉及设计、制作，那么仅为广告的发布者。在这两种情形下，网站经营者均承担类似 ICP 在信息传播中的责任，即对所制作和发布的广告内容的真实性、合法性负责。

ISP 仅仅是一个信息传播者，没有参与网络广告内容的筛选、过滤或发布，因此，ISP 对网络广告虚假和由此引起的侵权结果一般不应承担责任。但 ISP 一经发现或经权威机构通知广告虚假或违法，则应当立即停止传播并删除相关内容，并在必要时配合司法机关的调查。ISP 如果存在明知、因重大过失而没有发现或被告知虚假、侵权和违法而不采取删除措施的，则要承担相应的责任。

对于一般受害人的举报，ISP 可以先采取中止措施，如有争议，可通过提起诉讼或其他方式加以解决。

11.3.4 对由网络广告引发的不正当竞争的规范

商品上的标注、厂商或服务提供者的广告和宣传会影响消费者选择商品或服务。如果经营者对商品或服务进行虚假的或引人误解的宣传，必然因误导消费者而获得较多的商业机会，显然偏离了市场竞争的正当轨道，构成不正当的竞争行为。

贬低他人、抬高宣传自己的商品或服务的行为，为《广告法》所禁止。《广告法》第十三条规定，广告不得贬低其他生产经营者的商品或者服务。含有贬低内容的广告是指寻求市场竞争中的一个或一组商品或者服务做比较，采取令人误解、诋毁、在含义或事实上是错误的方法，给予不公正评价的广告。此类广告行为直接侵害竞争对手商业信誉以及商品或服务的声誉，是一种损害竞争对手合法权益的不正当竞争行为。

利用网络广告进行不正当竞争，除了具有上述所列举的行为外，还有一些独特的行为。

（1）利用超链接技术进行不正当竞争。利用超链接可以跳过他人站点的主页，直接访问站点的重要内容，或者将他人页面的内容作为自己页面的一部分，用户也就不能接触他人站点主页上的广告，从而造成他人的经济损失。这样还会引诱用户阅读自己主页上的广告。

（2）通过抄袭、剽窃进行不正当竞争。这主要指抄袭、剽窃他人网站的设计思想、主页的排版布局、网页内容等。这类抄袭常表现为原封不动地照搬，更常见的是抄袭网站的设计思想及手法，仅做小的修改，使浏览者误以为此网站为彼网站，以提高点击率。

（3）利用关键字进行不正当竞争。投机者把他人的驰名商标写入自己的网页。当浏览者利用搜索引擎搜索该关键词所属的网站时，包含该驰名商标的网站便能一同显现。投机者以此来"搭便车"，提高点击率。

（4）利用竞价排名进行不正当竞争。竞价排名是一种按效果付费的网络推广方式。竞价排名可以有效提高企业或品牌的知名度，但也可能因为收费的高低影响搜索结果的公正性和客观性。

11.3.5　对互联网弹窗广告的规范

2022 年，国家互联网信息办公室、工业和信息化部、国家市场监督管理总局联合发布《互联网弹窗信息推送服务管理规定》（简称《规定》）。该规定针对弹窗信息推送服务不断出现的新情况、新问题，适应形势发展，立足当前实际，针对弹窗新闻信息推送、弹窗信息内容导向、弹窗广告等重点环节，着力解决利用弹窗违规推送弹窗广告、弹窗广告标识不明显、广告无法一键关闭、推送频次过多过滥、推送信息内容比例不合理、诱导用户点击实施流量造假等问题。

《规定》明确：弹窗推送广告信息的，应当具有可识别性，显著标明"广告"和关闭标志，确保弹窗广告一键关闭。

11.4　网络广告行政监督和管理

11.4.1　市场监督管理部门的职权

根据《广告法》第四十九条的规定，市场监督管理部门履行广告监督管理职责可以行使下列职权。

（1）对涉嫌从事违法广告活动的场所实施现场检查。

（2）询问涉嫌违法当事人或者其法定代表人、主要负责人和其他有关人员，对有关单位或者个人进行调查。

（3）要求涉嫌违法当事人限期提供有关证明文件。

（4）查阅、复制与涉嫌违法广告有关的合同、票据、账簿、广告作品和其他有关资料。

（5）查封、扣押与涉嫌违法广告直接相关的广告物品、经营工具、设备等财物。

（6）责令暂停发布可能造成严重后果的涉嫌违法广告。

（7）法律、行政法规规定的其他职权。

11.4.2　特殊商品网络广告发布前的审查管制

我国对一些种类的广告实行审查制度。《广告法》第四十六条规定，发布医疗、药品、医疗器械、农药、兽药和保健食品广告，以及法律、行政法规规定应当进行审查的其他广告，应当在发布前由有关部门对广告内容进行审查；未经审查，不得发布。

由于网络已成为新型的大众化的媒体，在网络上发布需要审查的广告亦应当进行审查，即"利用互联网从事广告活动，适用本法的各项规定"。

目前对于上述几类广告的审查分为中央和省两级，如药品广告的审查机关为国务院和省级卫生行政部门。在网络环境下，地理区域、国界变得模糊，因而网络广告审查按传统行政区域确定的办法是否仍然可行需要重新考虑。解决这一问题的关键是看是否仍然以特殊商品网络广告主而不是网络广告经营者作为确定审查机关的依据。

特殊商品网络广告发布主体有两类，一类是特殊商品的生产者，另一类是特殊商品的销售者。对生产者而言，不可能在线生产，因此它总是在现实中有特定的营业场所或住所地。对销售者而言，可能存在两种情况：一种是现实的商品销售商委托他人发布网络广告；另一种是现实中不存在实体企业，仅在网上设立专卖店或设立专门销售特殊商品的销售平台。对于前一种情形，可以以销售者的住所地和经营地确定审查机关；而对于后者，则可以以设立网上商店的企业的住所地或网站经营者住所地判断广告主的位置，并以此确定审查机关。

特殊广告发布前的
审查管制

因此，特殊商品网络广告发布前确定审查机关的原则为：商品的生产者作为审查申请人时以特殊商品的生产者的住所地或经营地确定；当审查申请人不是特殊商品的生产者时，以申请人的住所地或经营地确定；住所地或经营地无法确定时，将提供网络服务的服务商的服务器所在地视为住所地或经营地。

11.4.3 互联网广告发布特别准则

互联网广告发布特别准则如下。

（1）利用互联网发布、发送广告，不得影响用户正常使用网络。

（2）在互联网页面以弹出等形式发布的广告，应显著标明关闭标志，确保一键关闭。

（3）不得以欺骗方式诱使用户点击广告内容。

（4）利用互联网发布、发送广告，不得影响用户正常使用网络。未经用户同意或者请求，不得在用户发送的电子邮件或者互联网即时通信信息中附加广告或者广告链接，不得向其交通工具、导航设备、智能家电等发送互联网广告。

（5）不得在用户搜索政务服务网站以及相关应用程序时插入广告。

（6）发布含有链接的互联网广告，应当核对下一级链接中的广告内容，并采取措施防止链接的广告内容被篡改。一旦出现被篡改情形，应及时提供违法广告活动主体的真实名称、地址和有效联系方式。

（7）利用算法推荐等方式发布互联网广告，其广告投放记录等数据属于互联网广告业务档案。

11.4.4　网络广告的监测机制

截至 2023 年 6 月，我国网站数量为 383 万个，其中 ".CN" 下网站数量为 225 万个。2022 年，我国互联网广告市场规模突破 6600 亿元。如此大规模的网络广告，没有现代化的技术手段，根本不可能实现对网络广告样件的截图、保存、结果分析等系列工作，也就不可能实现有效监管。所以，建立完善的广告监测系统，实现对重点网站全天候、全种类的广告监测已经变得非常重要。

深入贯彻实施《广告法》，需要通过依法监管、综合监管、智慧监管、协同监管的方式，加大广告监管执法力度；围绕事关人民群众身体健康和生命财产安全的重点领域，严肃查处虚假违法广告，净化广告市场环境，保证整个网络市场的诚信经营。

全面监测机制主要是利用 "字词库" 和 "图样样本" 的方法进行实时监控，通过先进的图像和语音识别技术，实现广告与非广告的自动识别、自动检测等功能。除此之外，一个高效的网络全面监测机制还必须实现以下 3 个方面的转变。

（1）在违法广告的发现方面，实现从被动地接收群众举报、投诉向主动通过监测发现问题转变。完善高科技网络广告监测系统，可以实现对网站的全面监测，实现对网络广告从 "被动监管" 到 "主动监管"。

（2）在监管的范围方面，实现从对个别违法广告的处理向全部种类、全方位监管转变。高科技手段的利用，可以实现对网站全部广告进行监管。全面监测机制拓宽了监管范围，还可以有效地防止明令禁止的药品、医疗器械、减肥等电视购物广告向网络转移。

（3）在监管的手段方面，需要实现从网页主页内容监管向多层级链接内容监管的转变。首先要监管网站主页的文字、图像及其第一层链接的内容，同时要求网站运营企业对自己网页上的文字、图像承担广告审查责任。其次，要对多层次的链接内容进行监管，因为广告经营网站不但出售网页的文字、图像，也出售链接，这是网络广告的重要特征。

11.5　网络直播营销管理

11.5.1　网络直播营销的概念

网络直播营销（简称直播营销）是指网络销售者或网络达人通过直播平台或使用直播技术宣传产品的功能和价值，吸引消费者参与和互动，同时现场销售产品的一种营销方法。这种模式成功的关键：一是对营销内容的全新组织，实现 "内容+电商" 的完美结合；二是建立主播与 "粉丝" 之间的密切关系，提高 "人、货、场" 的关联度；三是充分利用网络互动性的优势，调动购买者的购买欲望。

新媒体营销场景下，网络直播营销与广告营销的界限越加模糊，不同场景下对广告代言行为的认定，还存在一些不同理解。这里重要的是要判断宣传内容的属性。直播营销的内容如符合《消费者权益保护法》第八条所规定的消费者知情权内容，如涉及的是产地、成分等内容，属于商业信息，不构成广告；但如果涉及的是商品商誉、商品扩展性功能等方面的内容，则需要由《广告法》来规制。比如，在直播过程中播放品牌方、直播间的广告宣传片，直播间品牌方的宣传展板等都有可能构成商业广告。所以，国家有关网络直播营销管理的规定没有排除直播营销构成广告的情形，但也没有明确规定直播营销就是广告行为。

目前，直播营销主要有两种模式：一种是站外社交媒体的直播模式，如 Meta、好视通，其主要参与者包括直播营销平台、直播间运营者和直播营销人员；另一种是站内店播模式，如淘宝网、抖音等，其主要参与者包括直播间运营者和直播营销人员。

2021 年 7 月，人力资源和社会保障部、国家市场监督管理总局、国家统计局联合发布了 9 个新职业，其中包括"直播销售员"。据统计，2022 年商务部重点监测电商平台累计直播场次超 1.2 亿场，累计观看超 1.1 万亿人次，直播商品超 9 500 万个，活跃主播近 110 万人。大量中小微企业因直播营销方式激发出了活力，直接带来的成交额达千亿元。

11.5.2 直播营销发展中面临的主要问题

直播营销发展中面临的主要问题如下。

（1）夸大或虚假宣传，部分商品和服务存在严重质量问题。在直播过程中，为了追求利润最大化，一些带货主播对商品做不实描述，故意夸大商品的优势，隐瞒商品的缺点，误导消费者购物，扰乱了网上交易的正常经营秩序。一些主播本身具有一定的知名度，粉丝因对其喜爱而信任其推介的商品或服务，但主播本身并不了解该商品或者服务，因此很难保证商品或服务的质量。一些主播毫无道德底线，大肆代言一些其从未使用的商品或以"水货""次货"冒充"好货""名品"，欺骗消费者，直接损害了直播营销的整体声誉。

（2）造假数据，滥用低价倾销手段。随着直播营销愈发火爆，带货主播的直播观看量、粉丝数、评论数以及销售额等数据成为行业竞争的基本要素，"刷单""买粉""刷评论"等成为行业潜规则。为了制造某种商品畅销的假象，不少主播恶意"刷订单"，制造购买数据。这些都直接破坏了直播行业的健康发展，败坏了行业风气，危害性极大。

（3）直播营销平台主体责任履行不力，主播素质参差不齐。直播营销是主播利用新媒体平台将特定商品或服务推荐给消费者的电子商务行为，近似于广告行为。虽然《广告法》等法律法规对相关行为做出规定，但由于直播营销中采取不同的推销模式，直播营销平台难以进行全方位监管，在主播身份审查、直播内容监管、销售手段合规等方面常常出现主体责任不到位的情况。

（4）售后服务得不到有效保障。售后服务是购买行为的附加产品，但是在网络直播营销中，消费者常常面临退换货得不到保障的情形。一些直播平台售后服务人员不到位，消费者在收到残次品后，联系不到直播平台的客服，难以及时退货、退款或及时维修，甚至投诉不成时被主播拉黑。还有一些直播平台持续时间不长，消费者想获得售后服务时找不到购物的网站，很难进行相应的维权。

11.5.3　直播营销规范

2021 年 4 月，国家互联网信息办公室、公安部、商务部、文化和旅游部、国家税务总局、国家市场监督管理总局、国家广播电视总局联合发布《网络直播营销管理办法（试行）》，对直播营销平台、直播间运营者和直播营销人员提出了具体的规范要求。

1．对直播营销平台的规范

（1）直播营销平台应制定并公开网络直播营销管理规则、平台公约。

（2）直播营销平台应要求直播营销人员服务机构、直播间运营者规范直播营销人员招募、培训、管理流程，履行对直播营销内容、商品和服务的真实性、合法性审核义务。

（3）直播营销平台应禁止不适宜以直播形式营销的商品和服务类别。

（4）直播营销平台应对直播间运营者、直播营销人员实施实名制管理。

（5）直播营销平台应加强网络直播营销信息内容监督和管理，发现违法和不良信息，应当立即采取处置措施，并向有关主管部门报告。

（6）直播营销平台应履行广告发布者或者广告经营者的责任和义务。

2．对直播间运营者的规范

（1）直播间运营者应当遵守法律法规和国家有关规定，遵循社会公序良俗，真实、准确、全面地发布商品或服务信息，不得违反《网络信息内容生态治理规定》和相关法律的规定。

（2）直播间运营者发布的直播内容构成商业广告的，应当履行广告发布者、广告经营者或者广告代言人的责任和义务。

（3）直播间运营者应当加强直播间管理，各类宣传不得含有违法和不良信息，不得以暗示等方式误导用户。

（4）直播间运营者应当依据平台服务协议做好语音和视频连线、评论、弹幕等互动内容的实时管理，不得以删除、屏蔽相关不利评价等方式欺骗、误导用户。

（5）直播间运营者应当对商品和服务供应商的身份、地址、联系方式、行政许可、信用情况等信息进行核验，并留存相关记录备查。

3．对直播营销人员的规范

（1）直播营销人员应当年满十六周岁；十六周岁以上的未成年人申请成为直播营销人员的，应当经监护人同意。

（2）直播营销人员不得在涉及国家安全、公共安全、影响他人及社会正常生产生活秩序的场所从事网络直播营销活动。直播营销人员着装、形象的设置应当符合法律法规和国家有关规定。

（3）直播营销人员应当依法依规履行消费者权益保护责任和义务，不得故意拖延或者无正当理由拒绝消费者提出的合法合理要求。

（4）直播营销人员使用其他人肖像作为虚拟形象从事网络直播营销活动的，应当征得肖像权人同意，不得利用信息技术手段伪造等方式侵害他人的肖像权。

课后练习

一、选择题

1.（单选）直播营销人员应当年满（　　　）周岁。

    A．15　　　　　　　B．16　　　　　　　C．17　　　　　　　D．18

2.（多选）根据网络广告的形式，网络广告可分为（　　　）。

    A．横幅广告　　　　　　　　　B．多媒体广告

    C．关键字或按钮广告　　　　　D．电子邮件广告

二、填空题

1.《广告法》将广告法律关系的当事人分为3种，即_____、_____、_____。

2.特殊商品网络广告发布主体有两类，一类是_____，另一类是_____。

三、简答论述题

1.简述网络广告的定义和分类。

2.试述网络广告的内容规制。

3.试简述网络广告发布者需要承担哪些责任。

4.简述网络广告中的不正当竞争行为规制要求。

5.试论述直播营销发展中面临的主要问题与规范要求。

四、案例分析题

结合本章引导案例，说明针对网络营销中虚假广告问题应当采取哪些强有力的监管措施。

第12章
电子商务领域知识产权保护

随着电子商务交易规模的不断扩大，知识产权的法律保护逐渐成为人们关注的焦点。2022年，国家标准《商品交易市场知识产权保护规范》（GB/T 42293—2022）发布，重点规范商品交易市场经营管理者主体责任和义务，既兼顾实体市场与电商平台等不同类型市场的知识产权保护实际，又积极回应全球治理体系的复杂变化，旨在持续推动商品交易市场知识产权体系建设，营造风清气正的交易环境，全面提升商品交易市场知识产权保护与治理能力。本章主要介绍商标权、域名、网络著作权、网络游戏、网络数据等方面的法律保护情况。

学习目标

1. 熟悉商标侵权的概念及商标权的法律保护办法。
2. 掌握域名的法律保护措施。
3. 了解上网作品和网上作品的区别。
4. 掌握网络著作权法律保护的基本内容。
5. 了解网络游戏中虚拟财产保护的基本做法。

引导案例："自嗨锅"商标权纠纷案

金某羊公司申请自嗨锅商标，并于2018年11月21日核准注册，商标号为第28149844号，有效期至2028年11月20日。良某铺子在天某网店中销售"良某铺子牛油自热小火锅素食速食麻辣烫夜宵食品美食懒人自嗨锅"产品。

金某羊公司指控良某铺子在网店链接名称中使用"自嗨锅"字样侵犯其商标，良某铺子公司认为"自嗨锅"并非商标性使用，且与涉案商标不相同也不近似，不构成侵权。

天某公司在《服务协议》中要求用户不得发布侵犯他人知识产权的信息。本案的争议焦点为：一是良某铺子公司的被诉行为是否构成对金某羊公司注册商标专用权的侵害；二是天某公司是否构成帮助侵权；三是若侵权成立，良某铺子公司、天某公司应当承担的民事责任。

本案中，良某铺子公司在其网店商品链接中使用"自嗨锅"字样，系对其自热火锅产品的广告宣传。良某铺子公司主张"自嗨锅"系对"牛油自热小火锅"这一产品本身功能、特点、使用场景等起描述性作用的属性词，并非商标性使用依据不足。法院经比对，认为良某铺子在其网店商品链接中使用的"自嗨锅"与第 28149844 号商标相比，两者读音、含义相同，仅字形有区别，构成近似，可能导致相关消费者认为其销售的产品与金某羊公司的产品存在特定联系，构成混淆误认。良某铺子公司实施了侵害金某羊公司的注册商标专用权的行为，应当承担停止侵权、赔偿损失等法律责任。

关于赔偿数额，一审法院综合考虑良某铺子公司侵权行为的性质、表现形式、情节和损害后果，侵权产品的价格、销售数据，金某羊公司为制止侵权支付的合理费用等因素，以法定赔偿的方式酌情确定良某铺子公司赔偿金某羊公司经济损失 6 万元（含合理维权支出）。二审法院认为，一审裁量并无明显不当。

关于争议焦点二，天某公司系天某网的经营者，属于信息网络服务提供者，在《服务协议》中要求用户不得发布侵犯他人知识产权的信息，已经尽到事前提醒的注意义务，且金某羊公司起诉后及时断开了侵权链接。因此，天某公司作为电子商务平台不构成帮助侵权。

关于争议焦点三，鉴于双方当事人均确认侵权链接已经断开，且良某铺子公司销售的商品中不带有"自嗨锅"字样，金某羊公司要求停止侵权的诉讼请求已经实现，二审法院认为，原判认定事实清楚，适用法律正确，实体处理并无不当，应予维持。

12.1 《电子商务法》对知识产权的保护

12.1.1 电子商务领域知识产权侵权的主要形式

电子商务领域知识产权侵权的形式主要有 4 种。

1. 商标侵权

商标侵权（Trademark Infringement）是指行为人未经商标权人许可，在相同或类似商品上使用与其注册商标相同或近似的商标，或者其他干涉、妨碍商标权人使用其注册商标，损害商标权人合法权益的其他行为。商标侵权是电子商务领域知识产权侵权的主要形式，包括未经商标注册人的许可，在同一种商品或者类似商品上使用与其注册商标相同或者相近似的商标的；销售侵犯注册商标专用权的商品的；伪造、擅自制造他人注册商标标识或者销售伪造、擅自制造的注册商标标识的；未经商标注册人同意，更换其注册商标并将该更换商标的商品又投入市场的。

2. 品牌侵权

品牌是给拥有者带来溢价、产生增值的一种无形资产。它的载体是用于和其他竞争者的产品或劳务相区分的名称、术语、象征、记号或者设计及其组合，增值的源泉来自消费者心智中形成的关于其载体的印象。品牌侵权突出表现在仿冒、损害品牌形象等方面。2017 年 5 月，我国建立起 13 省（区、市）打击侵权假冒区域联动机制，依托电子商务平台的网络交易大数据，发现了一大批品牌侵权案件，包括苹果、香奈儿、强生、拜尔、南孚和洋河等在内的一批中外品牌权利人的合法权益受到侵害。

3. 著作权侵权

著作权侵权是指一切违反著作权法、侵害著作权人享有的人身权、财产权等的行为。在电子商务中，著作权侵权的表现形式有多种。例如，未经许可将他人作品上传到互联网上，供互联网用户下载或浏览；冒用著作权人姓名或篡改作品许可使用的条件；擅自使用未经许可授权的广告图片和广告语；电子商务平台销售盗版图书；为互联网上非法复制、发行作品提供辅助性服务。

4. 专利侵权

专利权是专利权人利用其发明创造的独占权利，专利侵权是指未经专利权人许可，以生产经营为目的，实施了依法受保护的有效专利的违法行为。专利侵权在电子商务中突出表现为企业未经权利人准许或授权，以电子商务方式销售其他企业的实用新型、外观设计产品，销售冒用专利技术、专利设计的产品。

12.1.2 《电子商务法》有关知识产权保护的主要规定

《电子商务法》从第四十一条到第四十五条专门规定电子商务的知识产权保护，创设了全新的电子商务平台知识产权保护制度。

《电子商务法》第四十一条规定，电子商务平台经营者应当建立知识产权保护规则，与知识产权权利人加强合作，依法保护知识产权。这里，强调了电子商务平台的知识产权保护义务，与我国强调知识产权保护的大趋势相一致。

《电子商务法》第四十二条规定，知识产权权利人认为其知识产权受到侵害的，有权通知电子商务平台经营者采取删除、屏蔽、断开链接、终止交易和服务等必要措施。通知应当包括构成侵权的初步证据。电子商务平台经营者接到通知后，应当及时采取必要措施，并将该通知转送平台内经营者；未及时采取必要措施的，对损害的扩大部分与平台内经营者承担连带责任。因通知错误造成平台内经营者损害的，依法承担民事责任。恶意发出错误通知，造成平台内经营者损失的，加倍承担赔偿责任。

假货问题一直是电子商务平台难以解决的问题。在以往，一些电子商务平台会以"避风港"原则回避自己应尽的审查责任，直接或间接助长了假货销售者气焰。《电子商务法》以鼓励创新和竞争为主，同时兼顾规范和管理的需要，在打击假货和防止恶意投诉方面将发挥积极作用，这也为电子商务未来的发展奠定了基础。

《电子商务法》第四十三条规定，平台内经营者接到转送的通知后，可以向电子商务平台经营者提交不存在侵权行为的声明。声明应当包括不存在侵权行为的初步证据。

电子商务平台经营者接到声明后，应当将该声明转送发出通知的知识产权权利人，并告知其可以向有关主管部门投诉或者向人民法院起诉。电子商务平台经营者在转送声明到达知识产权权利人后十五日内，未收到权利人已经投诉或者起诉通知的，应当及时终止所采取的措施。

《电子商务法》第四十四条规定，电子商务平台经营者应当及时公示收到的《电子商务法》第四十二条、第四十三条规定的通知、声明及处理结果。

《电子商务法》第四十五条规定，电子商务平台经营者知道或者应当知道平台内经营者侵犯知识产权的，应当采取删除、屏蔽、断开链接、终止交易和服务等必要措施；未采取必要措施的，与侵权人承担连带责任。

这里，运用了红旗原则，明确了平台的连带责任。

知识拓展

红旗原则是指如果侵犯知识产权的事实是显而易见的，就像红旗一样飘扬，网络服务商就不能装看不见，或以不知道侵权的理由来推脱责任，如果在明显侵犯知识产权事实的情况下，不进行删除、屏蔽、断开连接等必要措施的话，尽管权利人没有发出过通知，也应该认定网络服务商知道第三方侵权。

12.2   商标权的法律保护

12.2.1   政府推动商标权保护

随着电子商务的普及，商标权的侵权问题频发，不仅造成了大量纠纷，也给电子商务企业带来了极大的困扰。近年来，我国政府加大了商标权的保护力度和打击侵权假冒行为力度，受到社会的广泛好评。

2015 年，国务院办公厅发布《国务院办公厅关于加强互联网领域侵权假冒行为治理的意见》，要求加快推进打击互联网领域侵权假冒行为相关法律法规建设，运用法治思维和法治方式履行市场监管职责，强化事中事后监管，构建法治化市场环境。2016 年，国家知识产权局发布的《关于严格专利保护的若干意见》专门针对电子商务提出，引导网络交易平台建立针对侵权假冒行为的内部投诉处理机制。强化与网络交易平台合作，加强对侵权假冒的预警监测和事前风险防范，及时发现和掌握专利侵权假冒违法线索。

2020 年 5 月，全国打击侵犯知识产权和制售假冒伪劣商品工作领导小组印发《2020 年全国打击侵犯知识产权和制售假冒伪劣商品工作要点》。其中，第一项工作就是加强互联网侵权假冒治理。

（1）加强网络市场监管，以消费品为重点，严厉打击在线销售侵权假冒商品、虚假广告、虚假宣传、"刷单炒信"等违法行为。

（2）深入推进查办电子商务领域产品质量违法案件，加大重点时段抽查和打击力度。

（3）打击网络侵权盗版，组织开展"剑网 2020"专项行动，严厉打击视听作品、电子商务平台、社交媒体、在线教育等领域存在的侵权盗版行为，着力规范网络游戏、网络音乐、知识分享等平台的作品传播秩序。

（4）强化对大型网站版权重点监管。开展电子商务领域专利执法维权。

（5）强化互联网企业监管，继续加强网站备案、网际协议地址（IP 地址）、域名等基础管理，完善违法违规网站处置流程，严格网络零售第三方平台交易规则备案管理。

（6）指导和督促互联网企业特别是网络交易平台落实主体责任，建立完善长效治理机制。加快网络信息内容执法体系建设，全面清理整治网上涉侵权假冒违法违规信息。

（7）研究编制电子商务平台知识产权行政保护管理标准，建立健全治理电子商务平台侵权盗版制度。

12.2.2　电子商务中的商标侵权的表现形式

商标的使用是指将商标用于商品、商品包装或者容器以及商品交易文书上，或者将商标用于广告宣传、展览以及其他商业活动中，用于识别商品来源的行为。

在电子商务交易中，以下行为均属侵犯注册商标专用权。

（1）未经商标注册人的许可，在同一种商品上使用与其注册商标相同的商标的。

（2）未经商标注册人的许可，在同一种商品上使用与其注册商标近似的商标，或者在类似商品上使用与其注册商标相同或者近似的商标，容易导致混淆的。

（3）销售侵犯注册商标专用权的商品的。

（4）伪造、擅自制造他人注册商标标识或者销售伪造、擅自制造的注册商标标识的。

（5）未经商标注册人同意，更换其注册商标并将该更换商标的商品又投入市场的。

（6）故意为侵犯他人商标专用权行为提供便利条件，帮助他人实施侵犯商标专用权行为的。

（7）给他人的注册商标专用权造成其他损害的。

12.2.3　电子商务中商标权的法律保护

现阶段，我国法律领域针对商标侵权问题所制定的法律法规主要包含《中华人民共和国商标法》（简称《商标法》）和《中华人民共和国商标法实施条例》（简称《商标法实施条例》）。

《商标法》第六十七条规定，未经商标注册人许可，在同一种商品上使用与其注册商标相同的商标，构成犯罪的，除赔偿被侵权人的损失外，依法追究刑事责任。但第六十四条同时规定，销售不知道是侵犯注册商标专用权的商品，能证明该商品是自己合法取得并说明提供者的，不承担赔偿责任。

《商标法实施条例》第八十条进一步规定，销售不知道是侵犯注册商标专用权的商品，能证明该商品是自己合法取得并说明提供者的，由工商行政管理部门责令停止销售，并将案件情况通报侵权商品提供者所在地工商行政管理部门。引导案例中，甲公司销售侵权商品，且未提供合法来源，所以应当承担相应民事责任。

此外，结合网络用户在商业活动中实际销售假冒商品的行为，根据《商标法》的实际规定，对侵权商品的销售应该纳入侵犯商标权的范畴中，所以从这一角度进行解读，网络商标侵权和现实商标侵权行为具有一定的同质性，仅在表现形式方面存在一定的差异。行为人在侵权过程中只是选择通过现实渠道还是网络渠道将侵权行为展现出来，因此在判断网络服务商在商标侵权中是否也构成侵权，是否应该承担法律责任问题的研究过程中，应该针对这一问题进行具体分析，并做出明确的限定，为商标侵权行为的判定和商标权的维护创造良好的条件。

12.3　互联网域名的法律保护

12.3.1　互联网域名法律保护概述

域名是互联网络上识别和定位计算机的层次结构式的字符标识，与该计算机的互联网协议（Internet Protocol，IP）地址相对应。中文域名是指含有中文文字的域名。域名本身既不是商标，也不是现实企业的名称，但是，域名在全世界具有唯一性，域名作为进入网站或虚拟企业的唯一的路径，具有识别功能，因而具有了商业价值。

域名和域名权之间并非一一对应的关系，拥有域名并不必然享有域名权。只有在域名注册人的域名未侵犯任何其他第三人的权利时，域名拥有者才享有域名权，才可以对抗任何形式的侵权行为，也才能据此寻求司法救济。

对经营性网络公司或企业而言，域名作为其在网上的身份标识，本身具有稀缺性和商业价值，并因注册登记而取得专有权性质。因此，将域名作为一种无形财产权来保护是大势所趋。问题在于这需要世界各国的共同努力，采取较为一致的保护措施和规则，以使域名能够作为一种资产被加以保护。

域名权人的权利体现在以下几个方面。

（1）专用权。一方面，域名权的权利人对域名享有独占的所有权，有权排斥与域名相同的商标或商号的不同持有人使用，也可以排斥第三人使用；另一方面，域名的专用权是绝对的，它不需要任何法律"保护"，国际互联网本身排斥同一域名以同种表现形式存在，即同一域名在国际互联网上有且只有一种，不论法律主体所从事的业务属何种类，也不管其是否分别处于不同国家，均不能注册相同的域名。

（2）许可权。许可权即域名权人根据法律的规定，许可他人使用其域名的权利。这体现了对域名权的充分利用。

（3）转让权。转让权即域名权人根据法律的规定，将其域名转让给他人的权利。这体现了对域名权的处分行为。

域名权人的义务体现在以下几个方面。

（1）按期缴纳域名注册费和维持费。

（2）域名权人对自己所享有的域名不得闲置不用，待价而沽。

（3）域名权人必须时刻注意网站的维护与管理，必须保证自己在网站发布的信息的准确性与可靠性；同时也必须确保他人在网站发布的信息不得损害社会公共利益和国家利益，对于他人在网上侵犯公民权利的行为予以适当制止且必须配合司法机关调查取证。

（4）域名权人在行使自己权利时不得侵犯他人的域名权、商标权、商号权等在先权益。

12.3.2　域名注册规定

1. 一般规定

在注册登记程序上，《互联网域名管理办法》基本上采纳了国际上通行的原则，即域名注册服务遵循"先申请先注册"原则。《互联网域名管理办法》第二十七条规定，为维护国家利益和社会公众利益，域名注册管理机构应当建立域名注册保留字制度。第三十条规定，域名注册服务机构提供域名注册服务，应当要求域名注册申请者提供域名持有者真实、准确、完整的身份信息等域名注册信息。

国际上还通行"域名由申请人选择和负责原则"，即原则上只要与现有注册域名不一致就可以获得。在这种规则下，eastday 与 eastdays、microsoft 与 microsofts 是不同的，可以同时获得注册登记。如果域名注册者先于权利人将他人享有在先权利（商标权、商号权或其他无形财产权）标识注册，权利人没有提出异议，那么注册者可以享有该域名。正因为如此，才有将他人已经注册的商标、商号、服务标记注册为域名的事件发生，才有企业注册上百个域名，然后等待在先权利人或感兴趣的人受让取利的现象发生。

2. 将域名注册为商标

自建立域名体系以来，许多网络或信息公司以及注册域名的其他企业，纷纷到国家知识产权局商标局将域名注册为商标，以使域名纳入现有法律体系中被保护。为审查域名商标申请，美国专利商标局修改了《商标审查指南》，增加了对"部分或全部为域名标识"的商标的审查，确立了以下规则。

（1）原则上，只有域名识别部分才可申请注册。当一个商品商标、服务商标、集体商标或证明商标中，全部或部分由域名构成时，域名核心识别部分可申请商标，而无论是统一定位标识的开始部分（如 http://www），还是结尾部分的顶级域名（如

com.cn），均不具有指示来源的作用，因此不能申请商标。

（2）域名只有起到标识经营者的作用，使潜在购买者感到是在指示商品或服务的经营者，而不是表明网站地址的才能成为商品商标或服务商标。

（3）域名申请商标，必须按照尼斯国际商品服务分类表指定受保护的商品、服务。域名申请商标的，应与所宣传的商品或服务为一类，如果所从事和宣传的是药品，那么域名应指定相应的商标申请的保护的药品类别。这种域名与商品、服务同类原则，有利于制止经营同类商品、服务的经营者，使用竞争对手的域名做自己的商标。

（4）下列域名不得申请为商标：姓氏（因为缺少专有性）；描述型申请，即域名直接表示商品的质量、功能、用途或其他特点（这一点与商标要求相同）；通用名称，即商品或服务的普通称谓。

《商标注册用商品和服务国际分类》（尼斯分类）第九版于 2007 年 1 月 1 日起生效。该分类中的第四十五类（由他人提供的为满足个人需要的私人和社会服务；为保护财产和人身安全的服务；法律服务）增加了一个新的小分类：域名注册。域名注册作为法律服务本身可以作为申请服务商标的指定保护服务类别。

12.3.3　域名引起的不正当竞争

1. 域名侵犯他人在先权利

域名侵犯他人在先权利分两种情形：第一种情形，侵犯他人在先权利是为了"搭便车"或谋取不正当的经营利益；第二种情形，将域名本身作为一种牟利的工具，恶意抢注他人在先权利，通过出售域名获取不当利益。

将他人的商标或商号注册为域名，容易引起人们的误解，使人们误以为是原商标或商号权人设立的网站或由其提供服务，对此可以适用《反不正当竞争法》的规定。由于域名具有商业价值或商业标识作用，而商标、服务标记和商号最主要的功能也是区分或标识商品生产者或服务提供者，是经营性主体商誉的主要载体，因此将他人享有在先权利的商标、商号等登记为域名，就容易导致利用他人在现实经济生活中已经积累的商誉实现自己的目的，即构成"搭便车"或不正当竞争行为；如果是提供同一种性质的网络服务或网上经营活动，那么容易使消费者误认或混淆，以诱使其访问域名持有人的网站或者其他联机地址，并从中牟利。

侵犯他人在先权利的引起的不正当竞争行为构成要件可以归结为两个。

（1）在先权利人享有注册的商标专用权、商号权，而域名持有人对域名不享有正当的权利或合法的利益。

（2）在后注册域名与在先权利人所持有的商标或服务标记相似，具有误导性。

2. 将他人在先权利恶意抢注为域名——域名占据行为

恶意抢注他人域名是指域名注册人注册域名不是为了进行某种经营或提供某种服务而是为了阻止他人注册或租售域名谋利。由于域名注册机构不进行实质审查，加之域名规范的技术性，一旦自己的商标或商号被他人注册为域名，商标权人就无法使用商标作为域名，开展网上经营，其在线下形成的商誉就无法方便地转移到网上。这对于在先权利人来讲是极不公平的。恶意注册和使用域名行为已为《统一域名争议解决办法》所禁止。

在我国司法实践中，根据《最高人民法院关于审理涉及计算机网络域名民事纠纷案件适用法律若干问题的解释》第五条的规定，被告的行为被证明具有下列情形之一的，人民法院应当认定其具有恶意。

（1）为商业目的将他人驰名商标注册为域名的。

（2）为商业目的注册、使用与原告的注册商标、域名等相同或近似的域名，故意造成与原告提供的商品、服务或者原告网站的混淆，误导网络用户访问其网站或其他在线站点的。

（3）曾要约高价出售、出租或者以其他方式转让该域名获取不正当利益的。

（4）注册域名后自己并不使用也未准备使用，而有意阻止权利人注册该域名的。

（5）具有其他恶意情形的。

12.3.4　域名争议的解决

域名商业价值的发现导致将他人商标、商号、服务标记等注册为域名的现象大量发生。为遏制这种现象，《统一域名争议解决办法》第 4 节 a 项规定，提起域名争议解决程序，应同时满足以下 3 个条件。

（1）提起争议的域名与投诉人所持有的商标或服务标记相同或具有误导性的相似。

（2）域名持有人对该域名本身并不享有正当的权利或合法的利益。

（3）域名持有人对域名的注册和使用均为恶意。

我国域名争议按照《国家顶级域名争议解决办法》处理，该办法明确域名争议由中国互联网络信息中心认可的争议解决机构受理解决。任何人认为他人已注册的域名与其合法权益发生冲突的，均可以向争议解决机构提出投诉。符合下列条件的，投诉应当得到支持。

（1）被投诉的域名与投诉人享有民事权益的名称或者标志相同，或者具有足以导致混淆的近似性。

（2）被投诉的域名持有人对域名或者其主要部分不享有合法权益。

（3）被投诉的域名持有人对域名的注册或者使用具有恶意。

12.4　网络著作权的法律保护

互联网极大地促进了信息资源的传播与发展，并由此衍生出网络文学、网络视频、网络音乐、网络游戏等多种资源。网络信息资源存在着数量多、隐蔽性强、流动性大、监管难度高等特点，因此，其著作权也存在较大的侵权风险。我国 2020 年修正并发布的《中华人民共和国著作权法》（简称《著作权法》），将作品网络传播纳入了调整范围。

12.4.1 受著作权法保护的网络作品

一般来说，网络空间中主要存在两类作品，即上网作品和网上作品。

上网作品，是指依靠计算机技术把以一定的文字、数值、图像、声音等形式表现的信息输入计算机系统并转换为二进制数字编码，并以这种数字形式存储或者在网络上传播的作品。

网上作品，即直接以数字化形式表现并在网络上传播的作品。根据内容和表现形式的不同，网上作品可分为单一的网上数字作品与多媒体作品两类，如常见的各种网络短文、评论、图片、网页等。

受著作权法保护的作品，是指文学、艺术和科学领域内具有独创性并能以某种有形形式复制的智力成果。这里有两个基本的判断标准：一是独创性；二是能否以某种有形形式复制。对于"复制"，传统意义上的理解是以印刷、复印、临摹、拓印、录音、录像、翻拍等方式将作品制作一份或多份的行为。网络作品的复制有所不同。当网络作品上传到互联网上时，必须输入服务器的硬盘驱动器内，即以数字化形式存储在计算机上。这种存储的结果是他人能使用联网主机阅读网络作品并将其下载到主机上，或用软盘拷贝或直接打印到纸张上，虽然不具有"有形的形式"，但这个过程仍是著作权法意义上的复制。所以，2020 年修改后的《著作权法》基于上述认识，在列举著作权所包括的人身权和财产权时，明确将"以有线或者无线方式公开传播或者转播作品"列为其中一种权利，从而扩大了保护范围。

12.4.2 网络环境中著作权的主要内容

1. 网络著作权

网上作品和上网作品的著作权都属于原作者，其区别仅仅在于首次形成是否即以数字形式存在。所以作品只要具有"独创性"，那么其著作权就属于原创作者。

《最高人民法院关于审理涉及计算机网络著作权纠纷案件适用法律若干问题的解释》（简称《解释》）第二条规定：受著作权法保护的作品，包括著作权法第三条规定的各类作品的数字化形式。在网络环境下无法归于著作权法第三条列举的作品范围，但在文学、艺术和科学领域内具有独创性并能以某种有形形式复制的其他智力创作成果，人民法院应当予以保护。

根据这一司法解释，网络著作权是著作权人在网络环境中对其文学、艺术、科学作品依法享有的一种民事权利，包括发表权、署名权、修改权、保护作品完整权、复制权、发行权、出租权、展览权、表演权、放映权、广播权、信息网络传播权、摄制权、改编权、翻译权、汇编权和其他权利。

从国内外实践情况看，网络上常见的著作权侵权行为表现为以下几种形式。

（1）网络使用者或网络服务商在自己设立的网页、电子布告栏等论坛区非法复制、传播、转载他人享有著作权的作品。

（2）将在网络上传输的他人作品下载并复制成光盘，如将在学术网络上的电子布告栏中发表的文章下载并刻录到随书附赠的光盘中，同杂志一并出卖，获取利润。

（3）行为人将他人享有著作权的文件上载到网络或从网络上下载进行非法使用；超越授权范围使用共享软件，使用期满不进行注册而继续使用等。

（4）未经许可将他人作品的原件或复制品提供到网络上进行公众交易或传播，或者明知是侵害权利人著作权的复制品，仍然将其在网上散布。

（5）侵害网络作品著作人人身权的行为，包括侵害作者的发表权、署名权和保护作品完整权等；整理编辑网络信息时，删除作者签名档案或在他人作品上签署自己的姓名；在网络上使用他人作品时，擅自进行修改，侵害作者的修改权。

（6）擅自破解著作权人对作品所采取的技术措施，如对作品进行解密、对电子水印进行破坏，或专门生产和提供破解设备、技术以方便他人侵权等。

为有效保护网络著作权，《解释》规定如下。

（1）网络服务提供者通过网络参与他人侵犯著作权行为，或者通过网络教唆、帮助他人实施侵犯著作权行为的，人民法院应当追究其与其他行为人或者直接实施侵权行为人的共同侵权责任。

（2）提供内容服务的网络服务提供者，明知网络用户通过网络实施侵犯他人著作权的行为，或者经著作权人提出确有证据的警告，但仍不采取移除侵权内容等措施以消除侵权后果的，人民法院应当追究其与该网络用户的共同侵权责任。

（3）提供内容服务的网络服务提供者，对著作权人要求其提供侵权行为人在其网络的注册资料以追究行为人的侵权责任，无正当理由拒绝提供的，人民法院应当追究其相应的侵权责任。

（4）网络服务提供者明知专门用于故意避开或者破坏他人著作权技术保护措施的方法、设备或者材料，而上载、传播、提供的，人民法院应当追究网络服务提供者的民事侵权责任。

（5）著作权人发现侵权信息向网络服务提供者提出警告或者索要侵权行为人网络注册资料时，不能出示身份证明、著作权权属证明及侵权情况证明的，视为未提出警告或者未提出索要请求。著作权人出示上述证明后网络服务提供者仍不采取措施的，著作权人可以依照著作权法的规定在诉前申请人民法院作出停止有关行为和财产保全、证据保全的裁定，也可以在提起诉讼时申请人民法院先行裁定停止侵害、排除妨碍、消除影响，人民法院应予准许。

（6）网络服务提供者经著作权人提出确有证据的警告而采取移除被控侵权内容等措施，被控侵权人要求网络服务提供者承担违约责任的，人民法院不予支持。

《民法典》第一千一百九十五条规定："网络用户利用网络服务实施侵权行为的，

权利人有权通知网络服务提供者采取删除、屏蔽、断开链接等必要措施。通知应当包括构成侵权的初步证据及权利人的真实身份信息。"

2. 信息网络传播权

《著作权法》增加了著作权人享有信息网络传播权，即以有线或者无线方式向公众提供作品，使公众可以在其个人选定的时间和地点获得作品的权利。这就明确了作品上网是著作权人享有的法定权利，任何人不得随意侵犯。之所以将信息网络传播权单独作为一项著作权人专有的权利，是因为传统的著作权体系已经无法涵盖网络传播这种新技术衍生的新权利。

国务院《信息网络传播权保护条例》规定了信息网络传播权的具体保护措施。

（1）权利人享有的信息网络传播权受著作权法和本条例保护。除法律、行政法规另有规定的外，任何组织或者个人将他人的作品、表演、录音录像制品通过信息网络向公众提供，应当取得权利人许可，并支付报酬。

（2）为了保护信息网络传播权，权利人可以采取技术措施。

（3）未经权利人许可，任何组织或者个人不得故意删除或者改变通过信息网络向公众提供的作品、表演、录音录像制品的权利管理电子信息；不得通过信息网络向公众提供明知或者应知未经权利人许可被删除或者改变权利管理电子信息的作品、表演、录音录像制品。

（4）著作权行政管理部门为了查处侵犯信息网络传播权的行为，可以要求网络服务提供者提供涉嫌侵权的服务对象的姓名（名称）、联系方式、网络地址等资料。

（5）网络服务提供者接到权利人的通知书后，应当立即删除涉嫌侵权的作品、表演、录音录像制品，或者断开与涉嫌侵权的作品、表演、录音录像制品的链接，并同时将通知书转送提供作品、表演、录音录像制品的服务对象；服务对象网络地址不明、无法转送的，应当将通知书的内容同时在信息网络上公告。

12.5 网络游戏中网络虚拟财产的法律保护

据《2023年中国游戏产业报告》，2023年国内游戏实际销售收入突破3 000亿元，用户规模创新高，达到6.68亿。网络游戏已成为现代人休闲娱乐的重要方式之一。

网络游戏日渐风行，新的问题随之而来，网络游戏消费者们辛苦"练功"挣来，甚至花钱买来的"宝物""武器"等虚拟财产成为"网络扒手"的目标。为了保障网络游戏的健康发展，有必要确定网络虚拟财产的法律地位，认定网络虚拟财产的价值，探讨网络游戏中网络虚拟财产的法律保障措施。

12.5.1 网络虚拟财产的概念与特点

《民法典》第一百二十七条规定："法律对数据、网络虚拟财产的保护有规定的，依照其规定"。《民法典》在总则部分肯定了网络虚拟财产的法律地位，无疑代表国家对网络虚拟财产保护的高度重视。同时，这也是我国法律为网络虚拟财产的立法保护打开的第一扇大门,为网络虚拟财产的交易、分割、继承等问题提供了法律指引。

我国法律对网络虚拟财产没有明确的定义。根据《民法典》的规定:"物包括不动产和动产。""物权是指权利人依法对特定的物享有直接支配和排他的权利,包括所有权、用益物权和担保物权。"而财产是民事法律关系客体的一部分,既表现为物,也表现为行为。财产权是指以财产利益为内容,直接体现财产利益的民事权利。财产权既包括物权、债权、继承权,也包括知识产权中的财产权利。《民法典》第一百二十七条虽然仅仅是宣示性规定,但实际上是承认了网络虚拟财产具有财物属性。

一般认为,网络虚拟财产是指为所有人支配和控制,且能给所有人带来经济利益或精神利益的只能存在于网络空间的数字化、非物化财产,包括网游账号、微博和微信账户、网店、网络游戏中的虚拟物品及装备等。或者说,网络虚拟财产是一种能为人所支配的具有价值的权利,是财产在网络虚拟空间的表现形式。在网络游戏中,网络虚拟财产是网络游戏人通过合法的投资(购买或竞赛)所获得的。

与传统财产相比,网络虚拟财产除具有一般财产的基本属性外,还具有独特的虚拟性、期限性。这使得网络虚拟财产在保护上面临诸多法律问题。部分国家在立法和司法上均明确承认网络虚拟财产的价值,规定网络游戏中的网络虚拟财产具有财产价值,运营商只是为这些私有财产提供存放场所,无权对其肆意处置。

网络虚拟财产属于一种新型财产,其主要特征如下。

(1)物理特征。网络虚拟财产虽然可以在计算机上以虚拟装备、货币、宠物等形式出现,但其实际是依存于计算机系统,由程序设计者所设计,以数据形式存在于特定的电子虚拟空间中的一种模拟财产的电磁记录。

(2)环境特征。网络虚拟财产只能在特定的计算机虚拟环境中存在,甚至同一种游戏,游戏经营商提供设定不同的区服,例如一区、二区等,而游戏用户通过选择不同区服,进入相应的虚拟环境中,从而导致相同的网络虚拟财产不能跨区服存在。当然在游戏经营商推出转区服务时,网络虚拟财产可以转移到网络另一区服内,但仍只存在于该游戏环境中。

(3)时间特征。网络虚拟财产不会永久存在,其存在时间取决于游戏用户和游戏经营商。一般情况下,在一款网络游戏终止时,或游戏用户决定注销自己的游戏账户时,该虚拟财产即灭失。

(4)特定的使用价值。所有游戏中的虚拟物品均因其所具有的功能,使游戏用户因使用虚拟物品实现相应功能而获得游戏中的不同体验,从而获得满足。这种价值仅在虚拟环境中得以实现。

(5)交易环境及经济价值受限特征。虚拟财产仅在特定情况下可以交易,如某网络游戏存在的期间内,该虚拟物品具备交易条件和有交易对象时,虚拟财产才能实现经济价值,交易能够以现实社会中流通的货币进行结算,一般情况下其交易对象仅限于参与该游戏的用户,脱离该虚拟环境其不具有价值。

(6)网络虚拟财产在特定环境的价值特征。以网络游戏为例,网络虚拟财产的价值限于能够满足同样参与游戏的用户对某些游戏功能的需求，同时游戏用户在获得网络虚拟财产时还会花费一定时间并支付相关费用，所以网络虚拟财产在一定条件下具有经济价值。

12.5.2　网络游戏中网络虚拟财产的保护

1. 法律的基本规定

目前，在立法和司法上承认网络虚拟财产已经成为一种趋势，并且在我国的司法实践中已经出现了对侵犯网络虚拟财产的审判案例。

《民法典》第二百四十条规定：所有权人对自己的不动产或者动产，依法享有占有、使用、收益和处分的权利。第二百六十六条规定：私人对其合法的收入、房屋、生活用品、生产工具、原材料等不动产和动产享有所有权。第二百六十七条规定：私人的合法财产受法律保护，禁止任何组织或者个人侵占、哄抢、破坏。第一千一百六十七条规定：侵权行为危及他人人身、财产安全的，被侵权人有权请求侵权人承担停止侵害、排除妨碍、消除危险等侵权责任。

韩国明确规定，网络游戏中的虚拟角色和虚拟物品独立于服务商而具有财产价值，网络财产的性质与银行账号中的钱财并无本质的区别，服务商只是为网络游戏消费者的这些私有财产提供一个存放的场所，而无权对其做肆意的修改或删除。

2. 网络虚拟财产保全

网络虚拟财产的保全可以通过付费来进行。付费意味着接受服务，也意味着对网络运营商责任的明确。例如，一个消费者如果想对他的账号内的虚拟财产进行保全，那么，他就需要按照运营商的规定付费。这是网络虚拟财产的保管费用。这个保管费用可以是短期的，也可以是长期的，甚至可以是永久性的。而运营商一旦接受了付费，就要提供服务，一是提供对该网络虚拟财产在服务器上的保管服务，二是建立起该网络虚拟财产的交易记录文件。当消费者网络虚拟财产发生意外时，他可要求运营商为他提供找回服务。这实际上是形成了新的合同关系，运营商和消费者之间产生了新的业务。

现在普遍的做法是，网络游戏消费者下载游戏的客户端程序后，可登录运营商的服务器，用购买的点数卡换成游戏时间，方可进行游戏，而运营商以出售点数卡的收入为利润来源。因此，网络游戏消费者所购买的其实是运营商的服务而非游戏商品本身。双方形成了服务的消费关系。网络游戏免费后，运营商的主要收入来源于虚拟装备销售，网络游戏消费者与运营商仍是合同关系。

网络游戏业与传统服务业并不完全相同，网络游戏消费者在游戏中可以不断升级虚拟角色的身份，获得虚拟财物并以此为游戏的主要目的。网络游戏的另一个特点是虚拟角色的身份和虚拟财物是可以持续保存的，即在网络游戏消费者下线后，运营商仍在其服务器上保存网络游戏消费者的数据资料。

这样，网络游戏消费者与运营商的关系主要体现在两个方面。一方面，运营商在网络游戏消费者游戏时间应当提供符合一定要求的网络和技术环境服务，如果其服务质量没有达到其承诺或法律所确定的标准，则应向网络游戏消费者承担相应的责任。这方面虽然由于国内的网络游戏业还未形成成熟的行业规范和标准，但是仍可借鉴传统的服务业规则，将网络游戏消费者购买的点数卡视为预付款来处理。

另一方面，运营商应当合法保存网络游戏消费者在游戏中所形成的数据资料并保证其完整性。这些数据资料包括网络游戏消费者的个人信息数据和网络游戏消费者在游戏中获得的网络虚拟财产数据。

3．通过行业规范确定赔偿标准

在网络游戏中，普通消费者一旦受到损害，只能抱怨运营商。网络游戏运营商给出的用户协议往往会包含一些免责条款，如果网络游戏运营商的失误导致网络虚拟财产数据丢失，网络游戏运营商是不愿意承担任何责任和进行赔偿的。在没有相关法律条文的现状下，可以尝试通过行业规范去解决。

在许多传统行业中，不乏"特殊商品"，"照片底片"就是一个典型的例子。在传统照片洗印业中，照片底片是一个既有真实物理价值又同时存在着虚拟情感价值的物品。当消费者拿一张照片底片给洗印店时，在消费者眼里，该照片底片可能是对亲人情感上的一种联系，而对洗印店来说，该照片底片只是普通的物品。所以在此时，对于该照片底片的价值认定实际上是不统一的。一旦出现问题，如洗印店不小心把照片底片丢失，消费者会要求赔偿，而洗印店则会根据"行规"，参照照片底片的物理价值赔偿，难以接受巨额的精神损害索赔。

在许多行业内有一些成文或不成文的规定，用于解决一些法律没有规定但可能会发生的问题。这在民法上是被允许和接受的。网络游戏行业可以借鉴传统行业的做法，通过行业协会，建立有关赔偿的行业规范。

4．加强网络游戏消费者的自我保护

一个网络游戏消费者（以下简称异议人）如果认为自己的网络虚拟财产被非法删除或盗走，应当向网络游戏运营商提供相应的证据来证明自己是网络虚拟财产的合法持有者。提供的证据包括网络游戏消费者的有效身份证明、账号、密码等。

由于所争议的装备是交易来的，目前被异议人应该对其合法拥有该装备负举证责任。这里有以下几种情况。

（1）假设被异议人提出，是从异议人处购买的，应提供购买合同、付款凭证等证据，否则被异议人的抗辩不成立。

（2）假设被异议人提出，是从其他网络游戏消费者那里购买的，而其他网络游戏消费者很可能偷窃了异议人的装备，那么可以根据被异议人提出的证据认定其善意取得该装备。

（3）假设被异议人提出，是从其他网络游戏消费者交易来的，但无法提供证据证明，或者提供的证据不足以证明其取得该装备是善意的，那么可以认定被异议人的抗辩不成立，装备应返还异议人。

鉴于异议人发起一项程序会影响网络游戏运营商的经营成本，也会给被异议人带来麻烦，因此异议人和被异议人提供保证金是必要的。如果异议人的异议成立，被异议人要返还其装备，且网络游戏运营商将没收被异议人的保证金，并交给异议人作为补偿。相反，如果异议人的异议不成立，则异议人不仅无法获得装备，其提交的保证金还将被没收，以补偿被异议人。

网络游戏消费者之间的纠纷，也可以考虑仲裁裁决。仲裁的形式可以参照域名争议解决方式。现在的域名争议解决方式就是采用网上仲裁的模式进行的。鉴于目前我国仲裁机构尚不受理网络虚拟财产的仲裁申请，因此需要通过完善仲裁规则来达到这一目的。

5. 确立刑法保护措施

传统法律尤其是刑法体系相对网络社会的滞后，导致对网络虚拟财产等网络空间的固有产物缺乏保护。然而对严重依赖网络空间的部分消费者而言，网络虚拟财产已经成为他们生活的一部分，而且虚拟财产与真实生活的联系将越来越密切。自网络游戏开始兴盛，陆续出现因为盗窃游戏装备、利用游戏公司管理权限销售虚拟装备获利、开设私服、开外挂等涉及网络游戏的刑事犯罪。是否将网络虚拟财产列入保护范畴成为迫切需要解决的问题。

从刑法立法上讲，对虚拟财产确立有效的法律保护体系，尤其是对侵犯虚拟财产的行为引入传统侵犯财产犯罪的条款加以惩治，或者建立全新的刑法保护体系，不仅是对虚拟财产所有人应有权益的法律保护，而且是刑事立法随着时代进步自我完善和及时跟进社会现实的应有举措，同时，也是有效减少网络虚拟财产所有人采用非法手段以图私力救济的有效措施。目前需要重点打击盗窃他人虚拟财产、诈骗虚拟财产和利用虚拟财产侵犯真实财产的行为。

12.6 数据知识产权保护

12.6.1 数据知识产权保护的意义与原则

我国数字经济蓬勃发展，2022 年规模达到 50.2 万亿元人民币，占 GDP（Gross Domestic Product，国内生产总值）的比重为 41.5%。自 2012 年以来，数字经济年均增速显著高于同期 GDP 平均增速，已成为支撑经济高质量发展的关键力量。

数据作为新型生产要素，被称作信息时代的"新能源"，与土地、资本、技术等传统要素并列。数据是数字化、网络化、智能化的基础，已快速融入生产、分配、流通、消费和社会服务管理等各环节，深刻改变着生产方式、生活方式和社会治理方式，关系到国家发展和安全大局。数据知识产权的保护已经引起各方面的高度重视。

数据知识产权保护应坚持 4 项原则。

（1）坚持安全为先、发展为要，充分考虑数据的安全、公共利益的保障和个人信息的保护。

（2）充分把握数据的特有属性和产权制度的发展规律，实现数据保护模式与数据资源特性的高度契合，以及数据知识产权保护和数据有效利用的有机统一。

（3）充分尊重数据处理者的创造性劳动和资本投入，承认和保护数据处理者的合理收益。

（4）充分发挥数据对产业数字化转型和经济高质量发展的支撑作用，促进数据的流动和交易，繁荣数据市场，壮大数字产业，加快产业数字化转型，实现经济高质量发展。

12.6.2　数据知识产权制度建设的基本构思

数据既非物又非行为的性质决定了其不属于物权、债权而属于知识产权的保护客体，物权或债权的民法保护都无法适应数据保护所期望达到的流通和分享的要求。而知识产权制度在财产逻辑、制度理念、调整对象、财产形态、保护时间等方面对数据保护都具有较强贴合性和较大优势。因此，面对数据信息总量爆炸性增长的数字经济特点，知识产权成为最具合理性和更有效率的数据财产制度安排。

知识产权制度的保护对象是知识产品，根据知识产品的创造性智力成果的基本特征，数据知识产权保护应聚焦在数据经营者在科学、技术、文化等知识领域中的，经过实质性加工和创新性劳动创造出来的具有合法性、实用性、新颖性或独创性的数据产品。

根据《中共中央　国务院关于构建数据基础制度更好发挥数据要素作用的意见》（简称"数据二十条"），我国数据知识产权保护体系建设应主要考虑以下 5 个方面的问题。

（1）探索数据产权结构性分置制度。建立公共数据、企业数据、个人数据的分类分级确权授权制度。根据数据来源和数据生成特征，分别界定数据生产、流通、使用过程中各参与方享有的合法权利，建立数据资源持有权、数据加工使用权、数据产品经营权等分置的产权运行机制，推进非公共数据按市场化方式"共同使用、共享收益"的新模式，为激活数据要素价值创造和价值实现提供基础性制度保障。

（2）推进实施公共数据确权授权机制。对各级党政机关、企事业单位依法履职或提供公共服务过程中产生的公共数据，加强汇聚共享和开放开发，强化统筹授权使用和管理，推进互联互通，打破"数据孤岛"。鼓励公共数据在保护个人隐私和确保公共安全的前提下，按照"原始数据不出域、数据可用不可见"的要求，以模型、核验等产品和服务等形式向社会提供，对不承载个人信息和不影响公共安全的公共数据，推动按用途加大供给使用范围。推动用于公共治理、公益事业的公共数据有条件无偿使用，探索用于产业发展、行业发展的公共数据有条件有偿使用。依法依规予以保密的公共数据不予开放，严格管控未依法依规公开的原始公共数据直接进入市场，保障公共数据供给使用的公共利益。

（3）推动建立企业数据确权授权机制。对各类市场主体在生产经营活动中采集加工的不涉及个人信息和公共利益的数据，市场主体享有依法依规持有、使用、获取收益的权益，保障其投入的劳动和其他要素贡献获得合理回报，加强数据要素供给激励。鼓励探索企业数据授权使用新模式，发挥国有企业带头作用，引导行业龙头企业、互联网平台企业发挥带动作用，促进与中小微企业双向公平授权，共同合理使用数据，赋能中小微企业数字化转型。支持第三方机构、中介服务组织加强数据采集和质量评估标准制定，推动数据产品标准化，发展数据分析、数据服务等产业。政府部门履职可依法依规获取相关企业和机构数据，但须约定并严格遵守使用限制要求。

（4）建立健全个人信息数据确权授权机制。对承载个人信息的数据，推动数据处理者按照个人授权范围依法依规采集、持有、托管和使用数据，规范对个人信息的处理活动，不得采取"一揽子授权"、强制同意等方式过度收集个人信息，应促进个人信息合理利用。探索由受托者代表个人利益，监督市场主体对个人信息数据进行采集、加工、使用的机制。对涉及国家安全的特殊个人信息数据，可依法依规授权有关单位使用。加大个人信息保护力度，推动重点行业建立完善长效保护机制，强化企业主体责任，规范企业采集使用个人信息行为。

（5）建立健全数据要素各参与方合法权益保护制度。充分保护数据来源者合法权益，推动基于知情同意或存在法定事由的数据流通使用模式，保障数据来源者享有获取或复制转移由其促成产生数据的权益。合理保护数据处理者对依法依规持有的数据进行自主管控的权益。在保护公共利益、数据安全、数据来源者合法权益的前提下，承认和保护依照法律规定或合同约定获取的数据加工使用权，尊重数据采集、加工等数据处理者的劳动和其他要素贡献，充分保障数据处理者使用数据和获得收益的权利。保护经加工、分析等形成数据或数据衍生产品的经营权，依法依规规范数据处理者许可他人使用数据或数据衍生产品的权利，促进数据要素流通复用。建立健全基于法律规定或合同约定流转数据相关财产性权益的机制。

课后练习

一、选择题

1.（单选）域名抢注是指（　　）。

  A. 注册类似域名的行为

  B. 出于牟利的恶意注册他人合法拥有的商标作为域名

  C. 盗用域名的行为

  D. 出卖域名的行为

2.（多选）电子商务领域知识产权侵权的形式包括（　　）。

  A. 商标侵权 B. 品牌侵权 C. 著作权侵权 D. 专利侵权

二、填空题

1. 域名权人的权利体现在 3 个方面：＿＿＿＿＿＿、＿＿＿＿＿＿、＿＿＿＿＿＿。

2. 网络空间中主要存在两类作品，即＿＿＿＿＿＿ 和 ＿＿＿＿＿＿＿。

三、简答论述题

1. 试论述电子商务交易中商标权的法律保护。

2. 试述互联网域名的法律保护。

3. 试述网络著作权的法律保护。

4. 试述信息网络传播权的法律保护。

5. 试述虚拟财产的法律保护。

四、案例分析题

结合本章引导案例，说明针对网络商标侵权问题应当采取哪些保护措施。

参考文献

[1] 全国人大财经委员会电子商务法起草组. 中华人民共和国电子商务法条文释义[M]. 北京：法律出版社，2018.

[2] 高富平. 中国电子商务立法研究[M]. 北京：法律出版社，2015.

[3] 王庆春，刘溪，王晓亮. 电子商务法律法规[M]. 3 版. 北京：高等教育出版社，2022.

[4] 张荣刚. 电子商务法[M]. 北京：人民邮电出版社，2022.

[5] 温希波，邢志良，薛梅. 电子商务法（微课版）[M]. 3 版. 北京：人民邮电出版社，2022.

[6] 杨坚争，万以娴，杨立钒，等. 电子商务法教程[M]. 3 版. 北京：高等教育出版社，2016.

[7] 马治国，田太荣. 商法通则的法律意义与基本架构[J]. 吉首大学学报（社会科学版），2018，39(02):96-103.

[8] 杨坚争. 中华人民共和国电子签名法释义[M]. 上海：立信会计出版社，2004.

[9] 药恩情. 广告法教程[M]. 北京：知识产权出版社，2020.

[10] 赵威. 经济法 [M]. 8 版. 北京：中国人民大学出版社，2021.

[11] 郭瑜. 个人数据保护法研究[M]. 北京：北京大学出版社，2012.

[12] 杨合庆. 中华人民共和国网络安全法解读[M]. 北京：中国法制出版社，2017.

[13] 刘金瑞. 美国网络安全立法近期进展及对我国的启示[J]. 暨南学报（哲学社会科学版），2014，36(02):74-84.

[14] 韩晓平. 电子商务法律法规[M]. 2 版. 北京：机械工业出版社，2015.

[15] 杨坚争，王建波，杨立钒.《联合国国际贸易法委员会关于网上争议解决的技术指引》的中国解读[M]. 北京：法律出版社，2021.

[16] 杨立钒，万以娴. 电子商务安全与电子支付[M]. 4 版. 北京：机械工业出版社，2020.

[17] 杨立钒，杨坚争. 电子商务基础与应用[M]. 11 版. 西安：西安电子科技大学出版社，2019.

[18] 法律出版社法规中心. 中华人民共和国消费者权益保护法注释本[M]. 北京：法律出版社，2022.